Schöler (Hrsg.) / Schaudwet
Epilepsie bei Kindern und Jugendlichen
in der Schule

Anne Schaudwet

Epilepsie bei Kindern und Jugendlichen in der Schule

Ein Handbuch für Pädagoginnen,
Pädagogen und Eltern

Herausgegeben von Jutta Schöler

mit Zeichnungen von Vivian Sommer

Beltz Verlag · Weinheim und Basel

Unveränderter Nachdruck der letzten Auflage

© 2009 Beltz Verlag · Weinheim und Basel
www.beltz.de
Herstellung: Books on Demand GmbH Norderstedt
Zeichnungen: Vivian Sommer
Printed in Germany

ISBN 978-3-407-57223-3

Inhalt

VORWORT

Liebe Leserinnen und Leser,

mit der vorliegenden Veröffentlichung wird die Buchreihe fortgesetzt, die den Anspruch hat, Theorie und Praxis zu verknüpfen sowie die gemeinsame, keinen Menschen aussondernde, Erziehung zu unterstützen. Diese Buchreihe trägt den Titel:

Gemeinsames Leben und Lernen: Integration von Menschen mit Behinderungen

Mit dem hier vorliegenden Band von Anne SCHAUDWET »Epilepsie bei Kindern und Jugendlichen in der Schule« wird angestrebt, die Angst vieler Menschen vor dieser Krankheit zu verringern. Obwohl Epilepsie unter Kindern und Jugendlichen eine häufige chronische Erkrankung darstellt, ist das Wissen über die verschiedenen Formen und Auswirkungen in der Gesellschaft sehr gering. Behinderung entsteht häufig erst durch die Ängste von Lehrerinnen und Lehrer vor dem Unbekannten, das auf sie zukommen könnte, wenn sie ein Kind mit der Diagnose »Epilepsie« in die Klasse aufnehmen.

Das Verständnis der Umwelt, gerade für Kinder mit Anfallsleiden, ist notwendig, um die Autonomie des einzelnen Menschen zu erreichen. Ein selbstbestimmtes Leben bedarf anderer Menschen, die die Emanzipation von Fremdbestimmung als ein Grundrecht akzeptieren. Menschen mit Behinderung auf ihrem Weg in der realen Weit zu begleiten, kann das Erreichen des Zieles selbstbestimmt zu leben erleichtern.

Der Erwerb von Autonomie und die schrittweise Emanzipation aus der Abhängigkeit von anderen Menschen wird als ein flexibler Prozeß verstanden, der am ehesten mit einer offenen Spirale verglichen werden kann. Mit zunehmender Autonomie erkennt jeder Mensch nicht nur seine eigenen Fähigkeiten, sondern vor allem die Mittel und Hilfen, die in einem kooperativen Prozeß von Mitmenschen geboten werden können. Erst das Wissen um die eigenen Fähigkeiten und die Sicherheit der Nähe zu anderen Menschen erlauben eine autonome Lebensführung und die Gestaltung der eigenen Vorstellungen von einem erfüllten und sinnvollen Leben. Dieses Prinzip gilt für alle Menschen – auch für Menschen mit einer schweren Behinderung. Eine besondere Herausforderung ist der offene und angstfreie Umgang mit Epilepsien.

Eine Form der Unterstützung auf diesem Weg kann darin bestehen, theoretische Texte in einer gut lesbaren Form zur Verfügung zu stellen, die den Menschen dazu verhelfen, die notwendige innere Sicherheit zu gewinnen, um Phasen von Angst und Pessimismus zu überwinden. Zugleich sollen praktische Beispiele Mut machen. Es sollen Anregungen gegeben werden, wie Lernprozesse gestaltet werden können, damit alle Kinder und Jugendlichen in der Verschiedenheit ihrer Aneignungsformen respektiert werden. Mit dem vorliegenden Buch wird ein Beispiel vorgelegt, wie dieser allgemeine Anspruch für Kinder mit der Diagnose »Epilepsie« praktisch umgesetzt werden kann.

Ich bedanke mich beim Luchterhand-Verlag, der diese neue Buchreihe unterstützt. Ich bitte alle Leserinnen und Leser, über den Verlag Texte an mich einzureichen, die für diese Buchreihe als geeignet eingeschätzt werden. Dabei denke ich vor allem an Abschlußarbeiten (Staatsexamens-, Diplom- und Doktorarbeiten), die sich einer nichtaussondernden pädagogischen Theorie verpflichtet fühlen und einer pädagogischen Praxis, die die Autonomie von Menschen versteht als die Fähigkeit, etwas alleine zu machen, mit dem eigenen Kopf zu denken, die die Freiheit zum Handeln nutzen mit Respekt vor der Freiheit der anderen Menschen. Mit dieser Buchreihe möchte ich auch Mut machen, damit die Menschen, die gegenwärtig noch die Sonderinstitutionen als notwendige (Zwischen)Station für Menschen mit Behinderungen ansehen, diese gesellschaftlichen Nischen verlassen. Lange genug ist bewiesen worden, daß die Sondereinrichtungen Menschen mit Behinderungen nicht auf ein Leben in dieser Gesellschaft vorbereiten können. Die Gesellschaft kann sich nicht entwickeln, um Menschen zu akzeptieren, welche anders, langsamer oder in ungewohnten Formen leben und lernen, wenn Kinder nicht von klein auf die Gelegenheit haben, diese Lebensform gemeinsam zu lernen.

Diese Kinder und ihre Eltern haben nur in der Gemeinschaft mit den gleichaltrigen Kindern die Gelegenheit, die eigenen Grenzen zu erkennen und die Fähigkeiten so zu nutzen, daß ein weitgehend selbstbestimmtes Leben als Erwachsener vorbereitet wird. Dazu gehört auch der offene Umgang mit der Tatsache, daß ein epileptischer Anfall jederzeit eintreten könnte. Mitschülerinnen und Mitschüler und deren Eltern werden in den Dialog um die Besonderheiten des »mit dem Anfall Lebens« einbezogen.

In dem von Anne SCHAUDWET hier vorgelegten Buch werden zahlreiche Anregungen angeboten für Lehrerinnen und Lehrer, die die Vielfältigkeit der Voraussetzungen für binnendifferenzierende Maßnahmen als Bereicherung für ihren Unterricht erleben wollen und die zugleich im Zwei-Pädagogen-System einer Integrationsklasse gelegentliche Gruppenbildungen mit der Aufgabe verbinden, ein Kind zu fördern, dessen Lernprobleme durch Epilepsie verursacht sind.

Als erste Veröffentlichung in der Reihe **Gemeinsames Leben und Lernen: Integration von Menschen mit Behinderungen** ist im Sommer 1998 das Buch mit Texten von und über Ludwig-Otto ROSER erschienen: *»Normalität für Kinder mit Behinderungen: Integration«*.

In jenem Buch sind grundsätzliche Überlegungen darüber nachzulesen, daß Menschen mit Behinderungen den Anspruch haben, gemeinsam mit allen anderen zu leben und zu lernen. Mit dem zweiten Buch von Sabrina DEGEN *»Integration im Englischunterricht – Chancen gemeinsamen Lernens für Kinder mit und ohne Behinderung«* werden wichtige Informationen und Anregungen gegeben, wie der allgemeine Anspruch auf gemeinsames Lernen für alle Kinder und Jugendlichen im Englischunterricht praktiziert werden kann. Außerdem verweise ich auf den »Vorläuferband«, der auf meine Anregung im Frühjahr 1998 im Hermann Luchterhand Verlag veröffentlicht wurde: René MÜLLER/Maren HANS (Hrsg.): *»Hörgeschädigte in der Schule«*.

Als dritter Band in dieser Reihe liegt nun die Veröffentlichung von Anne SCHAUDWET vor *»Epilepsie bei Kindern und Jugendlichen in der Schule«*. Veröffentlichungen zum Übergang von der Schule in die Arbeitswelt bei Jugendlichen mit einer Behinderung, zu integrativer Erwachsenenbildung, zur Gemeinsamkeit im Kindergarten sowie Veröffentlichungen zum Mathematik- und Musikunterricht, zu den Einstellungen von Lehrerinnen und Lehrern sowie zur Fortbildung für integrativen Unterricht werden vorbereitet.

Als nächster Band in dieser Reihe wird im Herbst 1999 die Neuauflage meines Buches *»Integrative Schule – Integrativer Unterricht«* erscheinen.

Berlin, im April 1999   *Jutta Schöler*

1. Einleitung

Etwa ein Drittel der bundesweit 800.000 Menschen mit einer Epilepsie
sind Kinder und Jugendliche unter sechzehn Jahren. Das Bewußtsein der
gesamten Gesellschaft, aber auch der Kenntnisstand von Lehrerinnen und
Lehrern, Eltern und Kindergärtnerinnen steht in keinem Verhältnis dazu.
Klaus GÖCKE, Vorsitzender der Deutschen Epilepsievereinigung und des
Dachverbands der Epilepsieselbsthilfegruppen, stellt fest: »*Epilepsiekranke stoßen in allen Lebensbereichen ständig auf mittelalterliche Vorstellungen, in der Familie, in der Schule, am Arbeitsplatz, ja sogar beim Arzt.
Nur wenn uns vorurteilsfrei begegnet wird, wenn man sich offen mit uns
auseinandersetzt, können auch wir uns offen zu unserer Krankheit beken-
nen und einen vollwertigen Platz in der Gesellschaft einnehmen (...).*«[1]
Die fehlende Öffentlichkeit und die bestehenden Vorurteile wurden am
»Tag der Epilepsie« (5. Oktober 1996) als das Hauptproblem epilepsiekranker Menschen genannt. Der Tag stand unter dem Motto: «*Epilepsie
braucht Offenheit*«. Dieses Motto, so die Schirmherrin Rita SÜSSMUTH,
«*soll zu einer verstärkten Aufklärung der Öffentlichkeit über Epilepsie
anregen, es soll Vorurteile gegenüber an Epilepsie erkrankten Menschen
abbauen, und es soll sich an die Betroffenen selbst richten, ihnen zeigen,
daß sie nicht allein mit ihrer Krankheit sind.*«[2]

Die Lebenssituation von Menschen mit einer Epilepsie ist in unserer Gesellschaft noch immer schwierig. Es ist Aufgabe von Kindergärten, Schulen und Freizeiteinrichtungen für Kinder und Jugendliche ihren Beitrag
zur »*Offenheit für Epilepsie*« zu leisten. Vor allem die Schule soll versuchen, für anfallskranke Schülerinnen und Schüler optimale Bedingungen, d. h. gleiche Bildungschancen, zu schaffen, so daß sie wie alle anderen Kinder und Jugendliche in der Schule leben und lernen können. Die
Schule hat die Pflicht, sich für die Gleichberechtigung aller Schülerinnen und Schüler einzusetzen. Beim Erwerb sozialer Kompetenzen, und
dazu gehören leider auch die Vorurteile, ist die Schule eine wesentliche

---

[1] Informationsblatt zum Tag der Epilepsie am 5.10.1996
[2] s. o.

Sozialisationsinstanz. Vor allem im Grundschulalter hat neben der Familie die Schule einen entscheidenden Einfluß auf Kinder. Sie muß sich für die soziale Integration von Menschen mit einer Epilepsie einsetzen und dadurch der Entstehung von Vorurteilen entgegenwirken, nicht zuletzt deshalb, weil viele von ihnen bereits im Kindesalter erkranken.

Wie Lehrerinnen, Lehrer und Eltern die Devise *»Epilepsie braucht Offenheit«* verwirklichen können, werde ich in diesem Buch schwerpunktmäßig am Beispiel der Grundschule darstellen[3]. Dabei werde ich den besonderen Bedürfnissen und Problemen nachgehen, die sich für Kinder aus einer Erkrankung an Epilepsie ergeben können. Diese betreffen ihre eigene Persönlichkeitsentwicklung, aber auch ihre Familie, ihre Umwelt und ihren Schulalltag. Um den Bereich der Schule genauer zu betrachten, müssen die gesamten Lebensbereiche einbezogen werden. Notwendige Voraussetzung für den offenen Umgang mit Epilepsie ist ein Grundwissen über die Krankheit und ihre Folgen. Dieses zu vermitteln und damit die Angst vor Anfällen abzubauen, ist wichtiges Anliegen dieses Buches. Es soll Normalität werden, daß Kinder und Jugendliche mit einer Epilepsie gemeinsam mit anderen leben und lernen können.

Bei einigen anfallskranken Kindern und Jugendlichen kommen zu der Epilepsie noch weitere Beeinträchtigungen hinzu, z. B. eine geistige Behinderung, Sprachstörungen oder große Probleme beim Lernen. Auf Schwierigkeiten und Bedürfnisse, die sich aus diesen zusätzlichen Beeinträchtigungen ergeben, werde ich nicht genauer eingehen. Im Mittelpunkt dieses Buches stehen v. a. die Kinder, die neben ihrer Epilepsie keine wesentlichen Beeinträchtigungen haben.

Im vorliegenden Buch betrachte ich Epilepsien im Kindes- und Jugendalter unter historisch-gesellschaftlichen, unter medizinischen, psychosozialen und unter pädagogischen Gesichtspunkten. Es soll deutlich werden, daß eine interdisziplinäre Betrachtung und folglich auch eine interdisziplinäre Zusammenarbeit von Lehrerinnen und Lehrern, Eltern, Ärztinnen und Therapeuten notwendig ist. Lehrerinnen und Lehrer müssen die Gesamtheit aller Aspekte berücksichtigen, um Kinder und Jugendliche mit einer Epilepsie ganzheitlich wahrnehmen und fördern zu können.

Das Quellenmaterial bilden vor allem wissenschaftliche Veröffentlichungen. Die Ergebnisse der von mir durchgeführten Befragungen (drei In-

---

[3] Die Vorschläge kann man auf den Kindergarten, die weiterführenden Schulen und auf verschiedene Betreuungsangebote für Kinder und Jugendliche (z. B. Hortbetreuung, Ferienreisen usw.) übertragen.

terviews und neun Fragebögen) sowie der regelmäßige Besuch von Elternabenden in der »Selbsthilfegruppe anfallskranker Menschen« in Berlin
dienen mir ebenfalls als Quelle. Die Befragungen und Begegnungen ermöglichten mir darüber hinaus einen persönlichen Zugang zur Krankheit Epilepsie, und über den Praxisbezug fand ich wiederum einen kriti-
scheren Zugang zur Literatur.

2. Historisch-gesellschaftliche Aspekte des sozialen Umgangs mit epilepsiekranken Menschen[4]

Epilepsie kann man über einen Zeitraum von fast 4000 Jahren zurückverfolgen. Kaum eine andere Krankheit hat so viele Namen erhalten wie sie. Diese Namen für die Krankheit Epilepsie geben weniger Aufschluß über den medizinischen Wissensstand der jeweiligen Zeit, als vielmehr über die sozialen Einstellungen gegenüber der Krankheit und den Menschen, die an ihr litten. Allein die *Namengebung*, aber auch die *Ursachenerklärungen* und die *Behandlungsmethoden* von Epilepsie in der Vergangenheit geben einen interessanten Aufschluß über den sozialen Umgang mit anfallskranken Menschen.

An Epilepsie erkrankte Menschen waren in der Geschichte meist negativen Einstellungen, Ausgrenzung aus der Gesellschaft und Furcht ihnen gegenüber ausgesetzt.

Man nannte die Krankheit in Mesopotamien z. B. *»Labasan«*. Dies war der Name eines Krankheitsdämons, dessen Namen die Menschen synonym mit der Krankheit gebrauchten. Die Bezeichnung verdeutlicht die Überzeugung, daß ein Dämon die Epilepsie schickte. Auch im alten Ägypten nahm man an, daß die Krankheit *»nesejet«* von Gott geschickt, unheilvoll und sehr gefährlich sei.

Im *alten Griechenland* war unter anderem die Bezeichnung *»Heilige Krankheit«* gebräuchlich. Die Bezeichnungen *»heilig«* und *»göttlich«* verdeutlicht, daß die Menschen die ungewöhnliche Krankheit nicht erklären konnten und sie deshalb in den Bereich des Mystischen und Göttlichen verwiesen. Aus dem alten Griechenland stammt auch die erste Monographie *»Über die heilige Krankheit«* von Hippokrates (460-377 v. Chr.). Hippokrates wendet sich vehement gegen die übliche Auffassung über

---

[4] Die historischen Grundlagen dieses Kapitel basieren auf Arbeiten von Hansjörg SCHNEBLE (1995 u. 1997) sowie auf Arbeiten von LAMPRECHT (1990).

den göttlichen und dämonischen Ursprung der Krankheit. Er schreibt: *»Diese Krankheit scheint mir in nichts göttlicher zu sein als die übrigen, sondern mir scheint, daß ebenso wie die übrigen Krankheiten eine natürliche Ursache haben, (...) auch diese einen natürlichen Grund hat, und nicht weniger heilbar ist als andere (...). In Wirklichkeit (...) ist das Gehirn schuld an diesem Leiden (...).«* Was die Erkrankung von Kindern an Epilepsie betrifft, schreibt Hippokrates an einer anderen Stelle: *»Werden kleine Kinder von dieser Krankheit befallen, so gehen sie in der Mehrzahl zugrunde.«*[5]
Der heute geläufigste und internationale Name »Epilepsie« hat seinen Ursprung auch in Griechenland. Er kommt von dem griechischen Verb *»epilamánein«* und heißt so viel wie »heftig ergreifen«, »packen«. Die Vorstellung, daß der Mensch in einem Anfall von einer fremden Macht ergriffen wird, schwingt so gewissermaßen noch in dem Namen »Epilepsie« mit.
Im *römischen Reich* erging es den Epilepsiekranken nicht besser als in Griechenland. Die hippokratische Anschauung schien sogar zu dieser Zeit in Vergessenheit geraten zu sein. Man findet eine Vielzahl emotional besetzter und mystischer Namen, so z. B. *»morbus insputatus«*. Dieser Name macht die Abscheu und den Ekel vor der Krankheit und die Angst vor der Ansteckung bei dem Anblick eines Anfallskranken im römischen Reich deutlich. Eine sehr gebräuchliche Epilepsie-Bezeichnung in der römischen Medizin war auch *»morbus comilitatis«* (Volksversammlungskrankheit). *»Morbus comilitatis«* verweist auf die Sitte der Römer, eine Volksversammlung (comitia) sofort abzubrechen, wenn einer der Teilnehmer einen epileptischen Anfall erlitt. Sie glaubten, daß auf diesem Weg eine höhere Kraft in die Versammlung eingreifen wollte. Erst nach strengen Reinigungsritualen konnte die Versammlung fortgesetzt werden.
Zur Behandlung der Epilepsie empfahl der Schriftsteller PLINIUS im römischen Reich neben dem Trinken von Menschenblut folgende Maßnahmen: *»Gegen die Epilepsie hilft das Essen von Bärenhoden oder auch der wilde Schweinshoden mit Stutenmilch oder Wasser, ferner wilder Schweinsharn mit Essigmeth (...). Desgleichen dreissig Tage lang eingesalzene Hasenlunge mit einem Drittheil Weihrauch, Hasen-Coagulum, täglich eine halbe Unze in Blätter geräuchertes Eselsgehirn mit Wassermeth (...).«*[6] Diese Heilmittel, die heute eher an einen magischen Zaubertrank denken lassen, verdeutlichen, daß die Römer eine abergläubische Haltung gegenüber Epilepsie und ihrer Heilung hatten.
Aus dem *christlichen Altertum* findet man Bibelstellen, die wieder den Dämonenglauben als Krankheitsursache zeigen. Bei Markus in Kapitel 9

---

[5] Vgl. GRENSEMANN 1968, S. 67, 69 u. 75
[6] LAMPRECHT 1990, S. 60

Vers 17f. heißt es unter dem Titel »Heilung des fallsüchtigen Knaben«: *»Meister, ich habe meinen Sohn zu dir gebracht, der von einem stummen Geist besessen ist. Und wenn der ihn packt, reißt er ihn hin und her, so daß er schäumt und mit den Zähnen knirscht und ganz starr wird. Ich sagte deinen Jüngern sie möchten ihn austreiben, aber sie vermochten es nicht.*« Im Evangelium nach Matthäus ist in derselben Geschichte von dem »mondsüchtigen« Knaben die Rede. »Mondsüchtig« ist an dieser Stelle synonym für »epileptisch« zu verstehen.

Im *Talmud* finden sich Aufzeichnungen über die Ursachen des Leidens: *»Wer nackt vor einem brennenden Licht steht, wird epileptisch, und wer beim Schein eines Lichtes koitiert, bekommt epileptische Kinder (...). Auch der Beischlaf nach dem Stuhlgang oder gleich nach dem Aderlass hat dieselbe Folge für die Kinder.«*[7] Zudem überliefert der Talmud die Vorschrift, daß fallsüchtige Frauen in der Eheschließung eingeschränkt werden mußten, und fallsüchtige Männer weder Priester noch Zeugen sein durften.

Im *Mittelalter* erklärten sich die Menschen eine Erkrankung an Epilepsie als Strafe für Sünden, als Besessenheit vom Teufel oder auch als Folge von Hexerei. Von den hippokratischen Vorstellungen einer natürlichen Ursache waren zu dieser Zeit keine Spuren mehr zu finden. Zur Heilung der Krankheit wurden die Heiligen, vor allem der heilige St. Valentin, angerufen. Ferner brannte man den Kranken mit einem glühenden Eisen in den Kopf in der Hoffnung, die bösen Geister würden aus dem »Besessenen« entweichen.

Man empfahl den Kranken außerdem, sich mit einem Riemen eine lebendige Kröte zwischen die Schultern zu binden, Wolfsherz oder 21 Fliegen zu sich zu nehmen. Ferner galten Urin von Ochsen, der pulverisierte Kot von Bären, Löwen und Mäusen, ja sogar menschliche Schädelknochen in Pulverform als Heilmittel.

In der *Neuzeit* suchten die Menschen immer mehr nach rationalen Erkenntnissen und wissenschaftlichen Erklärungen für das Geschehen in der Welt und im menschlichen Körper. Spezialisten für Epilepsie stellten im 18. und 19. Jahrhundert zahlreiche Untersuchungen zu der Krankheit an. Interessant im Zusammenhang mit der sozialen Stellung der Epilepsiekranken sind Arbeiten des Mediziners LOMBROSSO aus dem 19. Jahrhundert. Er vergleicht u. a. die »Verbrechernatur« mit der eines »Epileptikers«. Gemeinsam sind ihnen nach seiner Ansicht *»Vagabundieren, Obszönitäten, Faulheit, Stolz auf Untaten, (...)Tätowierungen,(...) Fehlen eines bestimmten Charakters, schnellausbrechende Heftigkeit, Grössenwahn (...) u. a.«.*[8]

---

[7] LAMPRECHT 1990, S. 37
[8] LAMPRECHT 1990, S. 73

Der *Nationalsozialismus* stufte epilepsiekranke Menschen als lebensunwert ein. Viele »Fallsüchtige« wurden nach dem »Gesetz zur Verhütung erbkranken Nachwuchses« zwangssterilisiert, etwa 10.000 bis 20.000 fielen dem Euthanasieprogramm zum Opfer.

Die Entstehung von Vorurteilen gegenüber Menschen mit einer Epilepsie

Der soziale Umgang mit anfallskranken Menschen und die Entstehung der heute weit verbreiteten Vorurteile lassen sich auf unterschiedlichen Wegen erklären.

Der soziale Umgang mit anfallskranken Menschen entsprach stets dem *historischen* Wissen der Menschen zu ihrer Zeit. Zwar gab es seit HIPPO-KRATES wissenschaftliche und rationale Erklärungsmuster für die Krankheit, dennoch hielten die meisten Menschen die Krankheit für »unerklärlich«, »heilig«, »groß« und »unheilvoll«. Aus Angst vor dem Unerklärbaren und vor einer fremden Macht grenzten sie die Erkrankten aus ihrer Gesellschaft aus. Teilweise existieren auch heute noch alte Vorstellungen über Epilepsie, obwohl die Wissenschaft die Krankheitsursache weitgehend erklären kann.

Mit Epilepsie verbinden die meisten »Laien« das Bild eines »*Grand mal*« eines zu Boden stürzenden, krampfenden und zuckenden Menschen mit verzerrtem Gesicht und »Schaum vor dem Mund«. Das Gleichsetzen von Epilepsie mit »*Grand mal-Anfällen*« ist jedoch eine unzulässige *Verallgemeinerung*; die wenigsten Menschen wissen, daß es eine Vielzahl verschiedener Anfallsformen gibt. Falsch ist auch die verbreitete Annahme, daß Epilepsie gleichbedeutend mit einer geistigen Behinderung sei; sie geht darauf zurück, daß Menschen mit einer geistigen Behinderung im Vergleich zu anderen verhältnismäßig oft an Epilepsie leiden.

Viele setzen Epilepsie bei Kindern auch sofort mit »Lernbehinderung« gleich; auch das ist eine ungerechtfertigte Verallgemeinerung. Beeinträchtigungen im Lernen können bei den Kindern auf einer Störung einer Hirnfunktion beruhen, die gleichzeitig eine Ursache für die Epilepsie sein kann. Die Epilepsie an sich hat aber primär keinen Einfluß auf die Lernentwicklung von Kindern.

Aus den Vorurteilen, manifestierte sich im Laufe der Zeit das Bild des »*Epileptikers*« mit dem »*epileptischen Charakter*«. In der heilpädagogischen und in der psychologischen Literatur findet man seit Anfang dieses Jahrhunderts die Vorstellung eines typischen »epileptischen« Kindes. Bei ASPERGER heißt es 1956 z. B.: »*Es gibt viele verschiedene Wesenszüge, welche alle auf den gemeinsamen Nenner der epileptischen Charakterstörung gebracht werden können. Da ist einmal die Dämmerigkeit, Schwerbesinnlichkeit, Schwerfälligkeit, die Verlangsamung aller Reaktionen, auch des Denkablaufs. Die Menschen werden umständlich, pedantisch, neigen zu Stereotypen (...)*«. Weiterhin zeige sich »*(...) die Klebrigkeit, Distanzlo-*

sigkeit und Lästigkeit, die schleimige Beflissenheit, ›Hilfsbereitschaft‹ und ›Gesellschaftelhuberei‹, die aufdringliche ›Einsicht‹, die weit entfernt von echter Einsicht ist«[9] bei »epileptischen« Kindern.
Seit einigen Jahren nimmt die Kritik an dem *Konstrukt der epileptischen Persönlichkeit* zu. Man geht heute davon aus, daß neben der organischen Störung vor allem soziale Stigmatisierungen für epilepsiekranke Kinder prägend sind.

Umfragen haben ergeben, daß etwa ein Viertel der Bevölkerung in der Bundesrepublik Deutschland Epilepsie für eine Geisteskrankheit halten. Auch 6,5% befragter Lehrerinnen und Lehrer waren der Ansicht, Epilepsie sei eine Geisteskrankheit.
Etwa 23% befragter Eltern, lehnten 1984 nach einer Umfrage Sozialkontakte ihrer Kinder mit Personen ab, die manchmal epileptische Anfälle haben. Sie hätten etwas dagegen gehabt, wenn ihr Kind in der Schule oder beim Spielen mit epilepsiekranken Menschen in Kontakt käme.
Diese Zahlen machen deutlich, daß die gesamte Bevölkerung nicht ausreichend über Epilepsie informiert ist und infolgedessen zu Fehleinschätzungen gelangt. Ein erster Schritt zum vorurteilsfreien Leben mit Menschen, die epilepsiekrank sind, ist also die fachlich angemessene, medizinisch einwandfreie Information.

---

[9] ASPERGER 1956, S.128

MEDIZINISCHE ASPEKTE

3. Was sind Epilepsien?[10]

Epilepsien sind eine Erkrankung des zentralen Nervensystems. Sie äußern sich in epileptischen Anfällen, die auf abnorme Aktivitäten der Gehirnzellen zurückzuführen sind. Häufig beschreibt man diese Aktivitäten treffend als »*Gewitter im Gehirn*«. Ein epileptischer Anfall ist ein Krankheitssymptom und keine Krankheit, und ein einzelner Anfall muß nicht der Beginn einer Epilepsie sein. Von einer Epilepsie spricht man erst dann, wenn wiederholt epileptische Anfälle auftreten. Häufig gibt es sogenannte *Gelegenheitsanfälle*, die ein oder mehrere Male auftreten. 5-10% aller Menschen haben in ihrem Leben einen epileptischen Anfall, ohne daß sie an einer Epilepsie erkranken.

Den Plural »*Epilepsien*« habe ich bewußt gewählt, denn von *der* Epilepsie kann man nicht sprechen. Es gibt *kein einheitliches Krankheitsbild*, da die verschiedenen Epilepsien und deren Anfallsformen sehr unterschiedlich sind. Man spricht in der Fachliteratur von etwas über 8o Formen der Epilepsie. Außerdem unterscheiden sich Epilepsien im Kindesalter von denen im Erwachsenenalter. Bei Kindern »wächst die Epilepsie mit dem Kind mit«, sie kann sich verändern und ist weniger leicht klassifizierbar als bei Erwachsenen. Deshalb ist es notwendig, sich auf jedes betroffene Kind ganz neu einzustellen.

3.1 Ursachen der Krankheit

Die Funktionsstörungen der Nervenzellen können verschiedene Ursachen haben. Häufig wirken schädigende Einflüsse auf das Gehirn ein. Während der Schwangerschaft können dies u. a. schwere Erkrankungen der Mutter, Alkoholmißbrauch oder Infektionen (z. B. Röteln) sein.
Bei der Geburt können Sauerstoffmangel (z. B. Umschlingen durch die

---

[10] Die medizinischen Grundlagen der folgenden Kapitel basieren überwiegend auf Arbeiten von RIED (1993) und SVEEK (1995).

Nabelschnur), Hirnquetschungen oder Hirnblutungen Einfluß auf die Hirnentwicklung nehmen. Auch angeborene Stoffwechselerkrankungen, Hirnhautentzündungen (aufgrund von Masern, Mumps oder Herpes) können eine Ursache sein. Es gibt zudem Epilepsien, die durch Schädelhirnverletzungen bei Unfällen (z. B. im Straßenverkehr) entstehen. Tritt die Erkrankung nach dem 25. Lebensjahr auf, sind Hirntumore die häufigste Ursache. 75% aller Epilepsien werden jedoch vor dem 20. Lebensjahr diagnostiziert.

Etwa bei der Hälfte der erkrankten Menschen lassen sich keine Ursachen für die Epilepsie finden. Man spricht dann von einer *idiopathischen Epilepsie*, sind die Ursachen bekannt, von einer *symptomatischen Epilepsie*. Epilepsie ist keine Erbkrankheit, allenfalls kann eine angeborene Veranlagung, eine sogenannte Disposition, die Erkrankung begünstigen. Bei etwa 7% aller Epilepsiekranken ist die Disposition eine Hauptursache für die Entstehung der Epilepsie. Eine erworbene Hirnschädigung und eine angeborene Bereitschaft für epileptische Anfälle sind demnach die bekanntesten Hauptursachen für die Entwicklung der Krankheit.

3.2 Anfallsauslösende Faktoren

Bei einem epileptischen Anfall findet plötzlich eine abnorme elektrische Entladung vieler Nervenzellen gleichzeitig statt, bei der das Gleichgewicht zwischen Erregung und Hemmung gestört ist. Dabei kann das ganze Gehirn betroffen sein, oder der Anfall kann sich von einer bestimmten Hirnregion auf das gesamte Gehirn ausbreiten.

Dieses Ungleichgewicht kann bei jedem Menschen auftreten. Zum Beispiel kann nach hohem Alkoholkonsum und Abhängigkeit (auch von anderen Drogen) der Drogenentzug einen sogenannten *Entzugsanfall* auslösen. Starkes Fieber kann bei Kindern zu epileptischen Anfällen führen; man spricht dann von *Fieberkrämpfen*.

Die meisten epileptischen Anfälle treten jedoch plötzlich und ohne besondere Auslöser auf. Es gibt aber eine Reihe von Faktoren, die das Auftreten von Anfällen bei anfallskranken Menschen begünstigen können, so z. B. die unregelmäßige Einnahme der antiepileptischen Medikamente, ein unregelmäßiger Schlaf- Wachrhythmus oder hoher Alkoholkonsum bzw. Alkoholentzug. Auch die Menstruation, Witterungseinflüsse, Sinnesreize (starke akustische Reize oder Lichtreize), starke Hell- Dunkelreize (z. B. beim Fernsehen), aber auch körperliche oder geistige Überanstrengung können eine Rolle spielen. In seltenen Fällen können auch psychische Belastungen anfallsauslösend wirken.

Einige Kinder haben vor einem Anfall (vor allem vor einem *komplex fokalen Anfall* (vgl. Kapitel 3.3.2)) eine sogenannte *Aura*. Diese Bezeich-

nung kommt aus dem Griechischen und heißt soviel wie »Lufthauch«.
Die Aura ist der »Vorbote« eines Anfalls mit »(...) eigenartigen Gefühlen im Kopf oder im Magen, Angstgefühl. Seltener sind angenehme Gefühle wie Erleichterung, Glücksgefühl, Zufriedenheit und innere Ruhe. Gelegentlich kündet sich ein Anfall auch mit unvermitteltem Lachen an. Andere Phänomene sind Schwindel, Störungen der Sprache, Tränenfluß, Veränderung der Wahrnehmung, des Sehens, Hörens, des Riechens oder Schmeckens, abnorme Bewegungen oder Paraästhesien (Kribbeln, Ameisenlaufen) in bestimmten Körperteilen.«[11] Bei manchen Kindern kündigt sich ein großer Anfall schon Stunden oder sogar auch Tage vorher an. Kind, Eltern, Lehrerinnen und Lehrer können Verletzungen vorbeugen, sowie Stimmungen und Verhalten richtig deuten, wenn sie diese Vorboten kennen und erkennen. Dies gilt ebenso und insbesondere für anfallsauslösende Faktoren, die sich möglicherweise vermeiden lassen.
Für Kinder mit einer Epilepsie ist es außerdem wichtig, daß sie mit Hilfe ihrer Eltern und auch Lehrerinnen und Lehrer mögliche anfallsauslösende Faktoren erkennen und diese, wenn möglich, vermeiden. Genaue Eintragungen in einen Anfallskalender und ein Anfallstagebuch können dabei helfen (vgl. auch Kapitel 8.2).

3.3   Erscheinungsformen epileptischer Anfälle

Epilepsien kann man entweder nach verschiedenen Epilepsieformen oder nach den Anfallsformen klassifizieren. Für dieses Buch bietet sich mit Blick auf den Alltag im Umgang mit Kindern die Einteilung nach Anfallsformen an. Um einen epileptischen Anfall erkennen zu können, müssen Lehrerinnen und Lehrer, Erzieherinnen und Erzieher, evtl. auch Mitschülerinnen und Mitschüler einen Überblick über das Erscheinungsbild der verschiedenen Anfälle haben.[12]
Man unterscheidet epileptische Anfälle nach generalisierten und fokalen Anfällen.

3.3.1 Generalisierte Anfälle

Bei einem generalisierten Anfall ist von Anfang an das ganze Gehirn beteiligt. Die elektrischen abnormen Entladungen breiten sich gleichmäßig auf das ganze Gehirn aus. Es gibt verschiedene generalisierte An-

---

[11] SVEEK 1995, S.25
[12] Auf nichtepileptische Anfälle gehe ich nicht genauer ein, da sie für das Grundschulalter nicht von größerer Bedeutung sind.

fallsformen: die *Grand Mal-Anfälle*, die *myoklonisch-astatische Anfälle* und die *Absencen*.[13]

Grand mal (großer generalisierte Anfall, tonisch-klonischer Anfall)
Obwohl der *Grand mal* nicht die häufigste Anfallsform ist, prägt er in unserer Gesellschaft das Bild von Epilepsie.

Ein *Grand mal* beginnt häufig, indem das Kind einen Schrei (Initialschrei) oder einen Stöhnlaut ausstößt und dann, »wie vom Blitz getroffen«, zu Boden fällt. Es verliert das Bewußtsein und erlangt es erst nach dem Anfall wieder. In der ersten Phase des Anfalls, der *tonischen Phase, »werden Arm-, Bein- und Rumpfmuskulatur steif. Die Augen sind weit aufgerissen, die Augäpfel verdrehen sich, das Gesicht ist verzerrt. Häufig setzt für wenige Sekunden der Atem aus, und das Gesicht verfärbt sich blaurot.«* Dieser Anblick ist beängstigend, es wirkt, als könne das Kind ersticken. Diese Gefahr besteht jedoch nie. Die tonische Phase kann bis zu 30 Sekunden anhalten. Augenzeugen kommt diese Zeit meist viel länger vor.

Dann setzt die *klonische Phase* ein; das Kind beginnt rhythmisch mit Armen und Beinen zu zucken. Diese Phase kann bei Kindern bis zu zehn Minuten andauern, meist währt sie jedoch nur ein bis zwei Minuten. Während des Anfalls produziert das Kind vermehrt Speichel, der dann aus dem Mund laufen kann. Viele Kinder pressen ihn auch durch die Zähne. Daher stammt im Volksmund der Ausdruck »Schaum vor dem Mund«. Es kann auch vorkommen, daß sich das Kind bei dem Anfall auf Zunge, Lippen oder in die Backe beißt. Leichte Verletzungen und Blutungen, die jedoch ungefährlich sind, können die Folge sein. Auf keinen Fall darf man den Kindern einen Gegenstand in den Mund schieben, so wie man es früher noch empfahl. Dies kann sehr gefährlich sein, z. B. können die Zähne abbrechen (vgl. auch Kapitel 8.6). Auch unwillkürliches Einkoten oder Einnässen ist während eines Anfalls möglich. Ein Grand mal Anfall dauert in aller Regel nicht länger als zwei Minuten, kann aber auch bis zu zehn Minuten anhalten.

Haben die Zuckungen aufgehört, atmen die Kinder oft tief durch und tauchen dann allmählich aus der Bewußtlosigkeit wieder auf. In der *postikalen Phase*, d. h. nach dem Anfall, sind die Kinder meist stark erschöpft. Viele fallen in einen tiefen Schlaf (Nachschlaf), der mehrere Stunden andauern kann. Andere Kinder laufen ohne Orientierung umher und machen unkontrollierte Bewegungen, manche haben starkes Erbrechen.

Man kann sich einen Grand mal für die Betroffenen etwa so anstrengend vorstellen, wie acht Stunden körperliche Schwerstarbeit; kein Wunder,

---

[13] Wenn nicht anders gekennzeichnet, sind die folgenden Ausführungen aus RIED (1993) entnommen.

daß Kopfschmerzen, Muskelkater, Gliederschmerzen und Ermattung häufig die Folge sind.
Neben dem Grand mal, gibt es Anfallsformen, bei denen nur die *tonische* oder nur die *klonische* Phase auftreten.

Myoklonisch-astatischer Anfall

Bei einem *astatischen Anfall* verliert das Kind abrupt die Muskelspannung und stürzt zu Boden. Meist sind diese Anfälle sehr kurz, man bezeichnet sie auch als *Sturzanfälle*. Hat ein Kind einen Bewußtseinsverlust, geht dieser meist sehr schnell vorüber. Astatische Anfälle treten selten, meist in der Kombination mit myoklonischen Anfällen auf. Kennzeichen der myoklonischen Anfälle sind plötzlich auftretende, kurze beidseitige Myoklonien (Muskelzuckungen) an einzelnen oder auch an mehreren Muskeln gleichzeitig, die vereinzelt oder in Serien nacheinander auftreten.
Sehr schwache Formen der myoklonoisch-astatischen Anfälle äußern sich auch in kurzen blitzartigen Zuckungen der Augenlider und können leicht als »dumme Angewohnheit« oder als »Blinzeltick« mißverstanden werden.

Absencen

Absencen sind kurze Bewußtseinsstörungen von etwa fünf bis zehn Sekunden. Oft sind sie so unauffällig, daß sie unbemerkt bleiben. Sie beginnen und enden sehr plötzlich. Es ist wie ein An- und Ausknipsen einer Lampe: Das Kind hält abrupt inne, der Blick erstarrt, das Kind wirkt abwesend, und genauso übergangslos nimmt es, als ob nichts gewesen wäre, seine Tätigkeit wieder auf.
Die Kinder zucken dabei leicht mit den Augenlidern, mit den Mundwinkeln, manchmal ziehen sie auch den Kopf nach hinten und drehen die Augen nach oben (»Hans-guck-in- die-Luft«). Absencen treten manchmal mit sogenannten *Automatismen* auf. Das sind Bewegungen oder Handlungen, die unwillkürlich ablaufen, z. B. Kau- Schluck- oder Schmatzbewegungen, oder auch Nestelbewegungen mit den Händen.
Absencen können über hundertmal am Tag auftreten. Absencen werden v. a. durch ängstliche Gefühle und andere Emotionen provoziert. So kommt es z. B. während Klassenarbeiten bei betroffenen Kindern oftmals zu serienhaften Absencen, wohingegen bei ruhigen Hausaufgaben keine auftreten.
In Schriftbildern von Kindern können Absencen sichtbar werden (z. B. Ausrutschen der Feder oder Auslassungen von Buchstaben oder Wörtern). Sie können wichtige Hinweise für Lehrerinnen und Lehrer sein.
Absencen treten im Schulalter relativ häufig auf, oftmals werden sie allerdings nicht als epileptische Anfälle erkannt und folglich fehlgedeutet.

Nicht selten werden Kinder mit Absencen zu Unrecht als verträumt oder unaufmerksam bezeichnet und »abgestempelt«. Die kurzen Bewußtseinspausen können den Lernprozeß von Kindern beeinträchtigen. Bleiben sie unerkannt, haben es die betroffenen Kinder in der Schule sehr schwer. Es ist deshalb wichtig, daß Lehrerinnen und Lehrer mit dem Erscheinungsbild von Absencen vertraut sind, um diese gegebenenfalls zu erkennen und während des Unterrichts zu berücksichtigen.

3.3.2 Fokale Anfälle

Bei einem fokalen Anfall finden die abnormen Entladungen in einem mehr oder weniger eingegrenzten Areal (Herd) im Gehirn statt. Das Erscheinungsbild des Anfalls hängt jeweils davon ab, wo im Gehirn dieser Herd liegt. Es ist wichtig, das erste Anfallssymptom eines fokalen Anfalls genau zu beobachten, um Hinweise auf den Herd zu erhalten. Man unterscheidet *einfache fokale Anfälle* und *komplex fokale Anfälle*.

Einfacher fokaler Anfall
Bei einem einfachen fokalen Anfall bleibt das Kind bei Bewußtsein und erlebt den Anfall mit. Da der Herd des Anfalls überall im Gehirn liegen kann, sind die Anfallsbilder sehr unterschiedlich. Das Kind kann z. B. mit Versteifungen und/oder Zuckungen in der Hand, im Fuß oder im Gesicht reagieren. Auch Lähmungen, Kribbeln oder Taubheitsgefühle können auftreten. Die motorischen oder sensiblen Symptome können sich auf andere Körperteile ausbreiten. Bei einigen Anfällen haben Kinder auch veränderte Sinneswahrnehmungen (z. B. beim Sehen oder Hören) oder ein verändertes Raum- oder Zeitempfinden.

Komplex fokaler Anfall (psychomotorischer Anfall)
Bei komplex fokalen Anfällen erleben die Kinder den Beginn des Anfalls, die Aura, gewöhnlich bewußt mit. Wie schon erwähnt, können sich während einer Aura Empfindungen, Wahrnehmung, Wohlbefinden usw. verändern (vgl. Kapitel 3.2). Die Bewußtseinsstörungen treten erst im Verlauf des Anfalls auf. Neben Aura und Bewußtseinsstörungen zeigen Kinder bei komplex fokalen Anfällen häufig Bewegungsautomatismen (vgl. Kapitel 3.3.1); demgemäß bezeichnet man diese Anfälle auch als *psychomotorische Anfälle*. Folgende Falldarstellungen sollen Beispiele für die Verschiedenheit komplex fokaler Anfälle geben:
»In der Schulstunde steht er [ein neunjähriger Junge] *plötzlich auf, läuft auf den Lehrer zu, beschimpft ihn mit den übelsten Kraftausdrücken, spuckt ihn wütend an und zerrt ihn am Anzug. Nach 1 ½ Minuten schaut*

er verwirrt um sich, wird höchst verlegen und setzt sich mit schamrotem Gesicht wieder auf seinen Platz.«[14]

»Ein 7jähriger Junge blickt – im Bett sitzend – plötzlich verwirrt um sich, spricht einige unverständliche Worte, zupft mit den Händen an der Bettdecke, verläßt das Bett, geht mit eigenartig automatenhaften Bewegungen durch das Zimmer zum Waschbecken, wäscht sich die Hände, um dann zum Bett zurückzukehren, wo er sich niederlegt, die Decke über den Kopf zieht und einschläft. Auf Ansprache reagiert der Junge während dieses Zustandes mit unverständlichem Murmeln und Abwehrbewegungen.«[15]

»Das sind Anfälle, da zieht sich jemand einen Schuh aus, zieht die Sokken aus, zieht den Schuh wieder an und steckt den Socken in die Jackentasche. Und weiß danach nicht, was passiert ist.«[16]

Die Beispiele machen deutlich, wie schwierig es sein kann, das Verhalten der Kinder als epileptischen Anfall zu erkennen. Es besteht die Gefahr, es als »Verhaltensauffälligkeit« oder auch »Geisteskrankheit« fehlzudeuten.

Ein komplex fokaler Anfall kann bis zu fünf Minuten dauern. Er endet meist nicht abrupt, sondern klingt langsam aus. Nach dem Anfall fehlt dem Kind häufig die Orientierung, es ist müde. Manche Kinder führen eine Handlung, die sie vor dem Anfall begonnen haben, nach dem Anfall einfach fort.

Status epilepticus

Der Begriff *Status epilepticus* bezeichnet entweder einen einzelnen Anfall, der ungewöhnlich lange anhält (länger als 15 Minuten) oder eine Folge von Anfällen, zwischen denen sich das Kind nicht mehr erholt. Ein Status epilepticus kann sich aus allen Formen epileptischer Anfälle entwickeln. Die Auslösefaktoren eines Status sind denen gewöhnlicher Anfälle ähnlich. Treffen mehrere Faktoren aufeinander (z. B. Schlafentzug, Alkoholmißbrauch, Therapieumstellung) begünstigt dies das Auftreten eines Status epilepticus. Vor allem der Grand mal-Status ist für die Betroffenen lebensbedrohlich, da durch den Status oft die Gefahr einer Hirnschwellung besteht, die die Blutzirkulation im Gehirn stört. Aber auch alle anderen Formen des Status epilepticus sind *Notfälle*. Ein Absence-Status kann z. B. in einen Grand mal Anfall übergehen, der Status bei einem psychomotorischen Anfall in einen Grand mal-Status. Ärztliche Hilfe ist unbedingt notwendig. Anders als bei einzelnen Anfällen, können bei einem Status epilepticus durch Sauerstoffmangel außerdem

---

[14] .Matthes, Jahr unbekannt, S.31
[15] Doose 1995, S.130
[16] Interview I, im Anhang

Nervenzellen des Gehirns angegriffen werden (vgl. auch Exkurs in Kapitel 6).

3.4 Behandlung einer Epilepsie[17]

Vor der Behandlung einer Epilepsie ist immer eine genaue medizinische Untersuchung und Beratung notwendig. Die Ärztin oder der Arzt muß neben Informationen über die bisherige Entwicklung des Kindes und seiner Krankengeschichte, vor allem detaillierte Beschreibungen der aufgetretenen Anfälle erhalten. Die Mitarbeit der Familie aber auch der Lehrerinnen und Lehrer ist dabei sehr wichtig. Die Aufgabe, einen Anfall zu beschreiben, erscheint zunächst recht einfach. Da die Anfälle jedoch meist völlig unerwartet auftreten, können die Anwesenden vor Schreck und Hilflosigkeit den Anfall gar nicht genau beobachten. Ist mit den verschiedenen Untersuchungsmethoden (EEG, neurologische Untersuchung, neuro-psychologische Untersuchung, Computertomographie u. a.) eine Epilepsie diagnostiziert, wird in den meisten Fällen eine medikamentöse antiepileptische Behandlung als notwendig angesehen. Therapieziel soll die mögliche Anfallsfreiheit mit möglichst geringen Nebenwirkungen der Medikamente sein. Das Ziel Anfallsfreiheit ist u. a. wichtig, weil:
- *»das Kind in jeder Situation wieder von einem Anfall überrascht werden kann, sei es in der Schule, im Straßenverkehr oder im Schwimmbad.*
- *eine Gefahr der Verletzung und nicht zuletzt auch der zusätzlichen Schädigung des Kopfes und des Gehirns durch den Anfall möglich ist.*
- *Anfälle, sowohl kleine als auch große, in eine Serie von Anfällen (Status epilepticus) übergehen können.*
- *die kindliche Entwicklung im intellektuellen, im psychsozialen, im emotionalen und/oder im körperlichen Bereich beeinträchtigt werden kann.«*[18]

Die meisten Epilepsien werden medikamentös mit *Antikonklusiva* (Antiepileptika) behandelt, die die Ausbreitung epileptischer Entladungen verhindern, d. h. die Anfälle unterdrücken sollen; diese Mittel können aber die Epilepsien nicht heilen.

Neben der medikamentösen Langzeittherapie gibt es verschiedene alter-

---

[17] In diesem Kapitel gehe ich nur so weit auf die Behandlungsmethoden für Epilepsien ein, wie es für Pädagoginnen und Pädagogen von Bedeutung ist. Lehrerinnen und Lehrer brauchen keine spezifischen medizinischen Fachkenntnisse. Wichtig ist, daß sie sich ein Grundwissen aneignen, und sich im Einzelfall bei den Eltern und gegebenenfalls bei dem Arzt des Kindes über die Behandlung der Schülerin oder des Schülers informieren.

[18] SVEEK 1995, S.20

native Behandlungsmöglichkeiten, so z. B. das Bio-Feedback, die Ho-
möopathie, die Epilepsiechirurgie und verhaltenstherapeutische Ansätze.[19]
Statistisch gesehen werden sechs von zehn behandelten Epilepsiepatien-
tinnen bzw. Patienten anfallsfrei; bei zwei Patientinnen bzw. Patienten
treten erhebliche Besserungen ein, und bei zwei ist (bisher) keine ausreichende medizinische Hilfe möglich. Die Frage nach der Beendigung der
Therapie stellt sich gewöhnlich frühestens nach etwa zwei bis drei Jahren Anfallsfreiheit. Das Absetzen der Antiepileptika ist immer nur langsam und unter ärztlicher Kontrolle möglich.

3.5 Nebenwirkungen der Antiepileptika

Für den Alltag eines epilepsiekranken Kindes ist das Einnehmen der Medikamente von Bedeutung. Neben der Notwendigkeit, die Medikamente
regelmäßig einzunehmen (vgl. Kapitel 5.1.7), können vor allem auch die
Nebenwirkungen eine große Rolle spielen. Zwar haben Medizin und Phar-
mazie rapide Fortschritte in der Entwicklung neuer und besserer Medikamente gemacht; dennoch treten bei der Behandlung mit Antikonklusiva häufig *gravierende Nebenwirkungen* auf. *»Sie betreffen vorwiegend
den Bereich der Lebensqualität. In sehr seltenen Fällen verursachen die
Medikamente schwere, bleibende Folgen. Nebenwirkungen sind einer-
seits abhängig vom Wirkstoff und andererseits von der Dosis. Sie können
vorübergehend sein, müssen jedoch immer ernst genommen werden.«*[20]
In der Schule können vor allem folgende Nebenwirkungen auffallen:
Im kognitiven Bereich können Aufmerksamkeits- und Konzentrationsschwankungen, Ermüdbarkeit und Verlangsamungen auftreten (vgl. auch
Kapitel 6.1.1). Neurologische Nebenwirkungen können Bewegungsstö-
rungen, veränderte Muskelspannung oder auch vermehrter Schluckauf
sein. Auch emotional können die Medikamente die Kinder in ihrer Stim-
mungslage und in ihrem Verhalten (z. B. aggressives Verhalten) beeinflussen. Kosmetisch sichtbar können evtl. Haarausfall, Gewichtsverän-
derungen oder Hautausschläge sein. Übelkeit und Erbrechen können ebenfalls als Nebenwirkungen auftreten.
Auf Elternabenden in der Selbsthilfegruppe waren die »lästigen« Nebenwirkungen der Medikamente sehr häufig wichtiges Gesprächsthema. Die
Mütter tauschten sich oftmals über die verschiedenen Präparate und ihre
Nebenwirkungen aus und berieten sich gegenseitig. Einige Mütter waren
verzweifelt, suchten nach alternativen Möglichkeiten und Therapien.

---

[19] Auf die verhaltenstherapeutischen Möglichkeiten der Behandlung von Epilepsien gehe ich
in dem Exkurs: »Selbstkontrolle bei Kindern mit einer Epilepsie« (Kapitel 6.1.2.1) ein.
[20] SVEEK 1995, S.22

In meinen Fragebögen erwähnten die Eltern u. a. folgende Nebenwirkungen: Desinteresse an selbständigem Spiel, starke Reizbarkeit, Enttäuschung, stark aggressives Verhalten, übersensible Reaktionen, Müdigkeit (bei einem Kind vor allem während einer Stunde nach der Einnahme), Konzentrationsschwäche (vgl. Frage 6 der Fragebögen, im Anhang).

In den Interviews berichtete eine Mutter, daß die Medikamente ihren Sohn sehr in seiner geistigen und auch körperlichen Entwicklung gehemmt hätten, und daß er sehr häufig erbrechen mußte (vgl. Interview III, im Anhang). Eine andere Mutter hatte an ihrem Kind Bewußtseinsveränderungen festgestellt und meinte: *»Ich würde die Medikamente am liebsten absetzen (...). Ich weiß manchmal gar nicht mehr, wie mein Kind eigentlich ist.«*[21] In der Literatur werden die Medikamente manchmal sogar als eine sehr wesentliche Ursache psychischer Veränderungen angesehen. Darauf deute auch die Tatsache hin, daß das Auftreten psychischer Auffälligkeiten oft mit einer Veränderung der Medikamenteneinnahme einhergehe.[22]

In bezug auf Beeinträchtigungen, die aufgrund der Nebenwirkungen entstehen, etwa im kognitiven Bereich und folglich auch in der *Lernentwicklung* eines Kindes, sollten Ärztinnen und Ärzte eine genaue »Kosten-Nutzen-Analyse« erstellen. So kann es z. B. sinnvoll sein, pro Vierteljahr einen Anfall in Kauf zu nehmen, wenn die vollständige Anfallsunterdrückung nur mit sehr starken Nebenwirkungen der Medikamente einhergehen würde. In jedem Fall müssen Eltern, Ärztinnen und Ärzte und Lehrerinnen und Lehrer aufmerksam sein und sich untereinander über Medikamentenumstellungen und mögliche Veränderungen im Wesen oder Verhalten des Kindes austauschen.

---

[21] Interview II, im Anhang
[22] vgl. PUCKHABER 1994, S.70

PSYCHOSOZIALE ASPEKTE

4. Kinder und Jugendliche mit chronischen Krankheiten[23]

Die Anzahl der Kinder und Jugendlichen mit chronischen Krankheiten ist im Laufe der letzten Jahrzehnte gewachsen. Man kann davon ausgehen, daß etwa 10% aller Kinder und Jugendlichen an einer chronischen Krankheit leiden. Dazu tragen u. a. die Fortschritte der Medizin bei, die die Behandlung vieler Erkrankungen möglich machen. Früher führten Krankheiten wie z. B. Diabetes mellitus oder Leukämie in aller Regel zum Tod. Heute hingegen haben sie den Status chronischer Krankheiten, da die Lebenserwartungen der Erkrankten deutlich höher sind.

Chronische Krankheiten sind von großer Bedeutung für die betroffenen Kinder und ihre Familien. Sie müssen sich nicht »nur« mit den organischen Belastungen auseinandersetzen, sondern sehr häufig auch mit psychischen und sozialen Problemen, die sich aus der Erkrankung ergeben. Die Krankheit verlangt von den Betroffenen meist eine Veränderung ihrer Lebensweisen und -einstellungen.

Pädagoginnen und Pädagogen sind folglich mit einem »*Problemkomplex*« konfrontiert. Denn auch in der Schule oder auch im Kindergarten spielen die Erkrankungen mit ihren verschiedenen Aspekten eine Rolle:

- sei es, das Kind muß sich im Kindergarten wegen häufigen Fehlens mehrmals neu eingewöhnen,
- sei es, daß das Kind in der Schule den Unterricht versäumt, weil es z. B. längere Zeit in einer Klinik verbringen muß,
- seien es Konzentrationsschwierigkeiten aufgrund unerwünschter Nebenwirkungen der Medikamente,
- sei es, in der Schule Insulin spritzen zu müssen
- oder während des Unterrichts kleine Mahlzeiten einzunehmen.

Ein Kind, das z. B. mehrere Wochen den Unterricht versäumt, hat es meist nicht leicht, den behandelten Stoff nachzuholen. Es liegt weitge-

---

[23] Grundlage dieses Kapitels sind v. a. PETERMANN 1987 u. 1996.

hend an der Lehrerin oder dem Lehrer, inwieweit dem Kind der Wiedereinstieg in den Unterricht und den Schulalltag gelingt.
Zeitweilig können chronisch kranke Kinder und Jugendliche durch ihre Krankheit und die Medikamente auch in ihrer Leistungsfähigkeit beeinträchtigt sein. Konzentrationsschwierigkeiten, Vergeßlichkeit oder schnelle Ermüdung bleiben nicht ohne Einfluß auf Lernentwicklung und Leistungsfähigkeit.
Von einer chronischen Krankheit spricht man, wenn die Erkrankungsdauer mindestens drei Monate beträgt und wenn das psychophysische Wohlbefinden der Betroffenen beeinträchtigt ist. Häufig wird neben den psychosozialen Erkrankungsfolgen vor allem auch die Abhängigkeit von permanenter professioneller Hilfe als Merkmal einer chronischen Krankheit genannt.
Chronisch kranke Kinder und Jugendliche sowie deren Eltern leben in einem Spannungsverhältnis zwischen ihrem Wunsch nach Normalität und den Bedürfnissen, die sich aus ihrer Krankheit ergeben. Diese besondere Situation spielt in allen Lebensbereichen eine Rolle: in der Familie, in der Freizeit und auch in der Schule. Lehrerinnen und Lehrer, Erzieherinnen und Erzieher müssen sich deshalb mit den besonderen Belastungen, Anforderungen und der Krankheit der Kinder vertraut machen.
Die Anforderungen, die Kinder und Jugendliche mit einer chronischen Krankheit zusätzlich zu den ganz gewöhnlichen Entwicklungsaufgaben bewältigen müssen, sind hoch. Neben den somatischen Aspekten, die ihre Krankheit zur Folge hat, müssen sie sich vor allem auch auf die psychischen und sozialen Folgen einstellen. Letztere erleben betroffene Kinder und Jugendliche häufig sogar belastender als die körperlichen Beeinträchtigungen an sich.
PETERMANN (u. a.) fordern aus diesem Grund ein *bio-psycho-soziales Verständnis* von chronischen Krankheiten bei Kindern und Jugendlichen. *»Gerade die chronischen Krankheiten im Kindes- und Jugendalter zeigen, wie notwendig ein integratives Verständnis von Gesundheit und Krankheit aus biologischer, psychologischer und sozialer Sicht ist.«* [24]
Nicht zuletzt deshalb sind medizinische und psychologische Grundkenntnisse auch für alle Personen wichtig, die regelmäßig mit chronisch kranken Kindern und Jugendlichen zu tun haben: Erzieherinnen und Erzieher, Lehrerinnen und Lehrer, Nachbarn, Großeltern usw.

Nicht alle Kinder können den hohen Anforderungen standhalten, die an sie gestellt werden. Die psychologische Forschung hat ergeben, daß chronische Krankheiten mit einem höheren Risiko für psychische Auffälligkeiten einhergehen. Vergleichende Studien mit gesunden Kindern zeigen, daß die Auffälligkeitsrate bei Kindern mit einer chronischen Krank-

---

heit deutlich höher ist (17%) als in der Vergleichsgruppe der gesunden
Kinder (7%). Als psychische Auffälligkeiten zeigten die Kinder z. B.
eine erhöhte Rate an Schulverweigerung, Disziplinschwierigkeiten, sowie Kontaktstörungen, ein erhöhtes Risiko für neurotische Störungen,
hyperkinetische Syndrome und Störungen im Sozialverhalten.
Chronisch kranke Kinder und Jugendliche müssen sich den vielseitigen
Belastungen ihrer Krankheit anpassen. Häufig ist für sie auch der Prozeß
der Abgrenzung von anderen Personen erschwert, denn sie sind auf ein
größeres Maß an Hilfe angewiesen als gesunde Kinder und Jugendliche.
Häufig sind überfürsorgliche Eltern, die ihre Kinder unter einer »Käse-
glocke« leben lassen, die Ursache der erschwerten Abgrenzung.
Die Schwierigkeiten der Abgrenzung werden v. a. in der Jugendzeit deutlich. Jungen Erwachsenen mit chronischen Krankheiten fällt die Loslösung von der Familie aufgrund ihrer verstärkten Abhängigkeit oft besonders schwer. Für sie besteht eine erhöhte Gefahr für tiefgreifende Ablö-
sungs- und Reifungskrisen (vgl. auch Kapitel 5.1).
Auch die Eigenbestimmung kann von der Krankheit beeinflußt und eingeschränkt sein. Ein Kind mit Diabetes z. B. kann nicht spontan bei einem Freund übernachten, sondern muß wegen seiner Krankheit voraus-
planen, sich an seine Diät halten. Die Krankheit bestimmt die Entscheidungen. Fällt es einem Kind schwer, sie als Aspekt seiner selbst zu akzeptieren, wird es sich sehr schnell fremdbestimmt fühlen.
Bedeutend für die Entwicklung des Selbstwertgefühls der Kinder und
Jugendlichen mit chronischen Krankheiten ist es, ob es ihnen gelingt ihr
Selbstkonzept, d. h. ihr »Ich«, ihr »Selbst«, an die Auswirkungen der
Krankheit anzupassen. Nur so können sie auch Vorurteilen und Stigmatisierungen ihrer Umwelt standhalten. Untersuchungen haben gezeigt, daß
Kinder und Jugendliche mit chronischen Krankheiten im Vergleich zu
gesunden Kindern und Jugendlichen in ihrem Selbstkonzept stärker beeinträchtigt sind, sich insgesamt ungeschickter, unattraktiver, als weniger beliebt, schlechter in der Schule und unzufriedener mit sich selbst
fühlen.[25]

Epilepsie als chronische Krankheit
Wie andere Kinder und Jugendliche mit einer chronischen Krankheit auch
erfahren an Epilepsie Erkrankte neben den organischen Belastungen und
der Unvorhersehbarkeit des Krankheitsverlaufs psychosoziale Probleme:
– die Notwendigkeit zur Veränderung von Lebensweisen;
– ein Leben im Spannungsfeld zwischen dem Wunsch nach Normalität
   und den Bedürfnissen, die sich aus der Krankheit ergeben;
– die Notwendigkeit zur Veränderung des Selbstkonzepts und den damit verbundenen Schwierigkeiten;

---

[25] vgl. Schwager 1994, S.9

- eine eingeschränkte Eigenbestimmung und erschwerte Abgrenzung von anderen Personen;
- eine erschwerte Begegnung mit der Umwelt (Vorurteile, Stigmatisierungen, Ausgrenzung und Diskriminierung).

Zu den Schwierigkeiten, die epilepsiekranke Kinder und Jugendliche mit anderen chronisch Kranken gemeinsam haben, kommen epilepsiespezifische Belastungen hinzu. Man faßt diese unter dem Begriff *»epileptic conditions«* zusammen. *»Kinder und Jugendliche mit einer Epilepsie erfahren die gleichen Belastungen und Beeinträchtigungen wie andere chronisch kranke Kinder und Jugendliche. Die epileptischen Anfälle wirken aber als Verstärker.«*[26] Eine Epilepsie unterscheidet sich von anderen Krankheiten vor allem durch die *Unvorhersehbarkeit* ihrer Symptome. Im Gegensatz zu einem zukkerkranken Kind, das weiß, wann der Zuckerspiegel steigt und wann es sich das nächste Mal Insulin spritzen muß, kann ein Kind mit Epilepsie einen Anfall nur in den seltensten Fällen voraussehen. Ein Leben in ständiger Ungewißheit ist die Folge. Die Mutter eines epilepsiekranken Kindes betonte im Interview, daß dieses Gefühl des Ausgeliefertseins für das Kind und seine Familie sehr schwierig sei (vgl. Interview II, im Anhang).
Die meiste Zeit ist die Krankheit Epilepsie überhaupt nicht sichtbar. Sie äußert sich aber um so extremer und überwältigender in den Anfällen. Kinder und Jugendliche mit einer Epilepsie erleben mit einem Anfall und seiner Unvorhersehbarkeit einen *Kontrollverlust*, und demzufolge eine starke Einschränkung ihrer *Eigenbestimmung* und *Selbstwirksamkeit*. Das Erleben des Kontrollverlustes kann einen großen Einfluß auf die Entwicklung des Selbstwertgefühls und des Selbstkonzepts nehmen.[27]
Weiterhin unterscheidet sich eine Epilepsie von anderen chronischen Krankheiten dadurch, daß die betroffenen Kinder und Jugendlichen ihre Krankheit meist nur im Spiegel der Umwelt wahrnehmen. Je stärker ein epileptischer Anfall ist, um so seltener erleben ihn die Betroffenen selbst mit. Die meisten Anfälle gehen mit einem Bewußtseinsverlust oder zumindest mit einer Bewußtseinseinschränkung einher (vgl. Kapitel 3.3f.). Viele Menschen mit einer Epilepsie haben in ihrem Leben noch nie einen epileptischen Anfall gesehen. Um so schwieriger ist es dann für sie, die Reaktionen der Augenzeugen ihrer Anfälle einzuschätzen und verstehen zu können. Nicht nur Grand mal Anfälle bergen dieses Problem in sich. Auch sekundenlange Absencen können bei der Umwelt Reaktionen auslösen, die ein Kind zunächst nicht einordnen kann.

---

[26] SCHWAGER 1994, S.8

[27] In diesem Zusammenhang kann der verhaltenstherapeutische Ansatz der Selbstkontrolle bei Epilepsie einen positiven Einfluß auf das Selbstkonzept nehmen (vgl. auch Exkurs in Kapitel 6: »Selbstkontrolle bei Epilepsie«).

5. Psychosoziale Probleme bei Epilepsie

Kinder mit einer Epilepsie sind nicht anders als andere Kinder. Dennoch bedeutet die Diagnose Epilepsie, daß sie und ihre Familien sich mit vielfältigen Fragen und Problemen auseinandersetzen müssen. Notwendigerweise ergeben sich in vielen Fällen aus der Krankheit und ihren Symptomen Veränderungen in der Lebensführung mit eventuellen Einschränkungen. Krankheitsverarbeitung, Angst vor Anfällen, Schwierigkeiten in der Begegnung mit der Umwelt und deren Problemen, interfamiliäre Spannungen, Schulschwierigkeiten und ungewisse Zukunftsaussichten können bei Kindern und Jugendlichen mit einer Epilepsie erschwerend hinzukommen.

Bei vielen Kindern und Jugendlichen mit Epilepsie hat die Krankheit keinen wesentlichen Einfluß auf ihre Persönlichkeitsentwicklung. Diese Tatsache sollte man im Auge behalten, wenn man über die Kinder und Jugendlichen spricht, bei denen psychosoziale Schwierigkeiten auftreten. Eine Epilepsie führt nicht zwangsläufig zu psychosozialen Problemen und ist noch weniger mit diesen gleichzusetzen. Da die Entwicklung eines Kindes mit Epilepsie von sehr vielen verschiedenen Faktoren (z. B. Schweregrad der Erkrankung, Anfallsform und Anfallshäufigkeit) abhängt, kann man keine generellen Aussagen über die erkrankten Kinder und Jugendlichen treffen.

Im Vergleich zu gesunden, aber auch zu Kindern und Jugendlichen mit anderen chronischen Krankheiten, treten bei Kindern und Jugendlichen mit einer Epilepsie allerdings vermehrt Verhaltensauffälligkeiten und auch Schulschwierigkeiten auf.

Schätzungsweise sind 30-50% aller Kinder und Jugendlichen mit einer Epilepsie verhaltensauffällig. Unter Gleichaltrigen haben anfallskranke Kinder oft eine Außenseiterposition und werden häufiger als andere von bestimmten Aktivitäten ausgeschlossen (z. B. beim Sport, oder bei Treffen außerhalb der Schule). Viele zeigen außerdem Defizite im Sozialverhalten und sind oft unselbständiger als Gleichaltrige. Kinder mit einer Epilepsie zeigen sich im Vergleich zu anderen Kindern durchschnittlich ängstlicher und depressiver. Sie haben ein geringeres Selbstvertrauen, trauen sich insgesamt weniger zu, haben oft Angst zu versagen und können deshalb ihre Fähigkeiten oftmals nicht angemessen ausschöpfen.[28] Im Erwachsenenalter werden als häufigste psychische Begleiterscheinungen von Epilepsie Depressionen und Ängste genannt. Die Selbstmordrate soll etwa vier- bis fünfmal so hoch liegen wie im Durchschnitt der Bevölkerung. Von entsprechend hohen Raten ist auch im Hinblick auf Suizidversuche die Rede. Dies ist insofern auch für Epilepsien im Kindes- und Jugendalter interessant, als daß Probleme im Erwachsenenalter sehr oft ihre Wurzeln in der Kindheit und Jugend haben.

Wie bei anderen chronischen Krankheiten beruht das Risiko für die Entstehung von Verhaltensauffälligkeiten und Schulschwierigkeiten auf der Wechselwirkung verschiedener Faktoren. Neben den psychosozialen Einflüssen, die ich in den folgenden Kapiteln ausführlich erläutern werde, spricht man bei Epilepsie von *neuropsychologischen* und *medikamentösen Einflüssen* auf die Persönlichkeitsentwicklung. Die neuropsychologischen Einflüsse basieren auf Dysfunktionen des Zentralen Nervensystems (ZNS), die medikamentösen auf den Nebenwirkungen der antiepileptischen Medikamente (vgl. auch Kapitel 3.5). Diese beiden Einflußfaktoren sind auch in der Schule von Bedeutung, bleiben von der Pädagogik jedoch weitgehend unbeeinflußbar. Grundsätzlich gilt, daß dennoch alle diese Einflußfaktoren in der Schule berücksichtigt und von den Lehrerinnen und Lehrern mit den Eltern, evtl. auch Ärzten und Psychologinnen besprochen werden müssen. An dieser Stelle zeigt sich wieder die Notwendigkeit zur interdisziplinären Zusammenarbeit.

Exkurs: Gibt es typische Verhaltensauffälligkeiten bei Kindern und Jugendlichen mit einer Epilepsie?[29]

Wie in Kapitel 2 schon dargestellt, kursieren in der Literatur (vor allem in der älteren) immer wieder Behauptungen, es gebe den *»typischen Epileptiker«* mit der typischen *»epileptischen Wesensänderung«*. Bei Kindern mit einer Epilepsie trete das *»erethisch-hyperkinetische«* und *»enechetische Syndrom«* als zentrales Merkmal auf. Darunter versteht man eine heraufgesetzte oder verlangsamte Antriebsstruktur der Kinder. Diesen Vorstellungen wurden in der Mehrzahl neuerer Veröffentlichungen zu Epilepsien im Kindesalter widersprochen. Verwunderlich ist, daß neuere Literatur in sich teilweise sehr unstimmig ist. Behauptet PUCKHABER z. B. einleitend, es gebe keine epileptische Wesensänderung mit *»ganz speziellen Auffälligkeiten«*, so analysiert er auf den folgenden Seiten umfassend das *»erethisch-hyperkinetische«* und das *»enechetische«* Kind

---

[28] vgl. ENDERMANN 1993; S.14; MOCH 1993, S.6f.; MAYER 1992, S.14
[29] Dieses Kapitel basiert v.a. auf Arbeiten von GEBELT (1971), REUTER (1996) und PUCKHABER (1994)

mit seinen charakteristischen Verhaltensweisen. Dieser Widerspruch verdeutlicht, daß die alten Vorstellungen trotz neuer Befunde immer noch existieren.

Annahmen typischer Verhaltensauffälligkeiten und epileptischer Persönlichkeiten stützen sich u. a. auf mangelhafte empirische Untersuchungen. So wurden früher z. B. die Einflüsse der Medikamente auf das Verhalten und auf das Wohlbefinden der Epilesie-Patientinnen und -Patienten nicht berücksichtigt. Ferner verallgemeinerte man die Beobachtungsergebnisse, die man in Heimen und Krankenhäusern bei epilepsiekranken Menschen gewonnen hatte, auf alle Anfallskranken. Auch unterschied man früher nicht zwischen neurologischen und klinisch-psychologischen Phänomenen, sondern faßte alle Auffälligkeiten als typisch epileptische Charaktereigenschaften auf. ENDERMANN weist weiter darauf hin, daß sogar bei den Ergebnissen neuerer Forschung zur Häufigkeit psychischer Störungen bei anfallskranken Menschen »(...) nicht differenziert wird zwischen neuropsychologischen Defiziten wie Gedächtnis-, Teilleistungsstörungen oder gar einer geistigen Behinderung und psychiatrischen respektive klinisch-psychologischen Störungen.«[30]

Viele Veröffentlichungen über Kinder mit einer Epilepsie stammen von Spezialisten, die in Epilepsiezentren wie Kork oder Bethel arbeiten. Ihre Sichtweise prägen überwiegend »schwierige Fälle«. Die Kinder, die keine gravierenden Probleme haben oder keine besonderen Auffälligkeiten zeigen, bleiben in der Mehrzahl bei ihrem niedergelassenen Arzt in Behandlung und werden folglich in der Literatur selten berücksichtigt. Dies macht die kritische und differenzierte Lektüre vieler Veröffentlichungen notwendig. Allein die Vielzahl der Veröffentlichungen über Verhaltensauffälligkeiten bei epilepsiekranken Kindern darf nicht zu der Vorstellung verleiten, daß alle Menschen, Erwachsene, Jugendliche und Kinder, mit einer Epilepsie psychische Probleme haben.

Annahmen, es gebe epilepsietypische psychologische Störungen, lassen sich nicht bestätigen. Vielmehr treten bei Kindern und Jugendlichen mit einer Epilepsie Auffälligkeiten auf, die Gleichaltrige auch entwickeln, ob mit oder ohne chronische Krankheit.

5.1   Welche Probleme können sich in der Familie eines Kindes mit Epilepsie ergeben?

Das Thema »Kinder mit Epilepsie in der Familie« ist sehr vielseitig und umfangreich. Ich werde die wichtigsten Aspekte herausgreifen und kurz erläutern, denn das Familienleben spielt auch in der Schule eine zentrale

---

[30] ENDERMANN 1993, S.14

Rolle; es hat seinen täglichen Einfluß auf das Kind in der Schule, auf seine Lernentwicklung, sein Sozialverhalten, sein Selbstvertrauen. Den hohen Stellenwert der Familie im Leben eines Kindes müssen Lehrerinnen und Lehrer in der Schule berücksichtigen. Dies erfordert Kontakt und Austausch mit der Familie.

Die Diagnose »Epilepsie« ist ein einschneidendes Erlebnis für eine Familie. Sie löst bei vielen betroffenen Eltern Schock, Trauer, Ängste, Depression und auch Schuldgefühle aus (vgl. Frage 3 der Fragebögen, im Anhang). Eine alleinerziehende Mutter antwortete auf die Frage nach ihrer Reaktion auf die Diagnose: *»Ich (...) hatte erstmal das Bedürfnis nach sehr viel Information. Ich habe viel gelesen über Epilepsie, habe viel darüber geredet, Kontakt zur Selbsthilfegruppe aufgenommen. Gefühle wie Ohnmacht, Angst, Hoffnung, Verzweiflung in ziemlich extremer Form bestimmten den Tag und man sehnte sich nach einem ganz normalen Alltag.«*[31]

Persönliche Akzeptanzprobleme und Konflikte in der Beziehung der Eltern können eine Folge der neuen Belastungen sein. Ferner besteht die Gefahr, daß Eltern die eigenen Probleme mit der Krankheit oder auch andere persönliche Probleme auf ihre Kinder oder andere Personen (z. B. Ärztinnen, Lehrer, Partnerinnen) projizieren.[32]

Als besonders schwierig kann sich die Stellung eines kranken Kindes in einer Familie mit mehreren Kindern erweisen. Das kranke Kind zieht häufig den Großteil der Aufmerksamkeit auf sich. Eltern fällt es nicht immer leicht, ihre Kinder gleich und gerecht zu behandeln. Geschwister müssen Rücksicht und Verständnis zeigen – Anforderungen, die sie nicht immer erfüllen können.

In der Familie eines Kindes mit Epilepsie kann sich Angst als zentrales Lebensgefühl ausbreiten. Angst vor dem Krankheitsverlauf, Angst vor dem nächsten Anfall, Angst vor Verletzungen u. ä. Eine *Überbehütung* des kranken Kindes (»overprotection«) kann die Folge sein. »Overprotection« wird in der Literatur als eine der häufigsten Erziehungsprobleme genannt. Kinder, die immer »in Watte gepackt« werden, neigen dazu, passiv, unselbständig und überängstlich zu sein. Ein Kind erlebt, daß ihm wenig Autonomie und Leistung zugesprochen wird, es erlernt »Hilflosigkeit«. (»Ich kann nichts alleine, ich muß immer beaufsichtigt werden.«) Eine Ablösung von den Eltern gelingt den Kindern nur schwer, obwohl dies für Kinder mit Epilepsie genauso möglich und auch notwendig ist wie für andere Kinder auch. Aufgabe der Eltern ist es deshalb, ein ausgewogenes Verhältnis zwischen Vorsicht und ein wenig »Mut zum

---

[31] Fragebogen 3, im Anhang

[32] *»Die Projektion ist ein unbewußter Vorgang. In der Regel werden die Vorstellungen, die man auf die andere Person verlagert, im eigenen Erleben nicht ertragen.«* (PUCKHABER 1994, S.81).

Kirian '99

Risiko« zu finden. Denn genauso negativ wie die Überbehütung eines
Kindes mit Epilepsie können sich auch eine dauerhafte *Überforderung*
und ein Mangel an Rücksicht auswirken. Ein anfallskrankes Kind kann
auch nur bis an die Grenze seiner Belastungsfähigkeit beansprucht werden. Diese kann allerdings u. U. erheblich niedriger liegen als bei gesunden Kindern.
Wie bei anderen Jugendlichen auch, ist bei anfallskranken jungen Erwachsenen die Jugendzeit von Autonomiestreben gekennzeichnet.[33] Zwar
bleibt eine Abhängigkeit von den Erwachsenen bestehen, doch werden
Gleichaltrige wichtiger, eigene Wertvorstellungen rücken in den Vordergrund, und die Eltern werden oftmals kritisch hinterfragt. In der Schule

---

[33] Grundlage dieses Abschnitts sind die Arbeiten von KASSEBROCK, Jahr unbekannt und 1990.

werden wichtige Weichen für Ausbildung und Beruf gestellt. In dieser bewegten Phase des Lebens kann eine Epilepsie für betroffene Jugendliche zum Hindernis in ihrem Ablösungsprozeß werden. KASSEBROCK stellt fest: »*Die anfallskranken Jugendlichen und ihre Eltern haben es besonders schwer, ein Gleichgewicht zwischen weiterhin notwendiger elterlicher Kontrolle und zunehmender Selbständigkeit der Jugendlichen immer wieder neu zu finden. Das Gelingen dieses schwierigen Ablösungsprozesses ist für die gesamte Entwicklung von Jugendlichen mit Epilepsie von entscheidender Bedeutung.*«[34]
Schwierig wird es für eine Familie auch dann, wenn das anfallskranke Kind im Sinne der »klassischen Konditionierung« lernt, daß es mit seiner Krankheit immer die volle Aufmerksamkeit der Eltern gewinnen kann und nach jedem Anfall Zuwendung und große Rücksichtnahme erfährt. Es besteht die Gefahr, daß das Kind mit seiner Krankheit die Familie unter Druck setzt.
Familien mit epilepsiekranken Kindern sind aufgrund der vielen Vorurteile über Epilepsie und der damit verbundenen Angst und Unsicherheiten in der Gesellschaft starkem sozialen Druck und Isolation ausgesetzt. Viele Eltern verheimlichen deshalb die Krankheit ihrer Kinder und ziehen sich aus dem gesellschaftlichen Leben zurück.
Brigitte LENGERT, selber Mutter eines Kindes mit Epilepsie (vgl. Kapitel 7.2.2), betont in diesem Zusammenhang aber: »*Für viele Eltern ist die Auseinandersetzung mit der Krankheit / Behinderung ihres Kindes nicht Anlaß zur Resignation, sondern zur Emanzipation. Ebenso werden nicht alle anfallskranken Kinder ängstlicher, überbehütender Eltern selber ängstlich.*«[35]

5.2 Welche Probleme hat die Umwelt mit einem epilepsiekranken Kind?

Viele Menschen haben in der Begegnung mit anfallskranken Menschen Berührungsängste. Die Vorstellung, der oder diejenige könnte jeden Augenblick vor ihnen zu Boden stürzen, löst die Angst aus, in Verantwortung gezogen zu werden, handeln zu müssen, sich falsch zu verhalten und hilflos zu sein.
In meiner persönlichen Begegnung mit Sebastian, einem 21jährigen anfallskranken jungen Mann, erlebte ich ganz ähnliche Ängste, die ich mir nur sehr ungern eingestand: Ich hatte mich doch mit dem Thema Epilepsie für meine Arbeit auseinandergesetzt, mußte doch wissen, wie ich mich

---

[34] KASSEBROCK, Jahr unbekannt, S.21f.
[35] LENGERT 1994, S.256

im Falle eines Grand mal würde verhalten müssen. Und doch machte sich in mir ein Gefühl von Unsicherheit breit, als Sebastian mir erzählte, daß er in letzter Zeit wieder recht häufig Anfälle gehabt habe. Er schilderte mir sehr anschaulich, was passieren würde, wenn er in diesem Moment vom Stuhl fiele, daß er sich an der Tischkante verletzen und sich eine Platzwunden am Kopf zuziehen könnte. So hoffte ich im Stillen, daß er nicht gerade in diesem Moment einen Anfall bekommen würde.

Wenn Pädagoginnen und Pädagogen solche Ängste haben, ist es meines Erachtens wichtig, sie sich einzugestehen, sie auszusprechen und damit umzugehen. Dazu muß man sich informieren, Erfahrungen sammeln, in Gesprächen, Rollenspielen und im Austausch mit Betroffenen und Eltern betroffener Kinder.

Die Begegnung mit einem epilepsiekranken Menschen löst bei vielen wahrscheinlich auch eine Auseinandersetzung mit dem Thema »Krankheit« an sich aus. Die Begegnung konfrontiert mit der Angst, selbst krank zu werden. Die meisten verdrängen solche Gedanken lieber. Die Abgrenzung stärkt das persönliche Ich (»Ich bin ja gesund«). Außerdem kosten Auseinandersetzungen mit sich selbst und anderen Mühe und Kraft. Das ist einer der Gründe dafür, warum manche Eltern nicht wollen, daß ihre Kinder Kontakt zu epilepsiekranken Menschen haben (vgl. Kapitel 2.2); sie scheuen offene und aufklärende Gespräche innerhalb der eigenen Familie.

Ein weiterer Aspekt, der den Umgang mit epilepsiekranken Menschen in unserer Gesellschaft erschwert, ist der Verlust der »Selbstbeherrschung« bei einem Anfall. Menschen, die sich nicht immer unter Kontrolle haben, sind in einer Leistungsgesellschaft nicht angesehen und werden deshalb gemieden.

Was das Zusammentreffen chronisch kranker Kinder mit gleichaltrigen gesunden Kindern betrifft, so schreibt PETERMANN sehr nachvollziehbar: *»Gleichaltrige sind oft hilflos (...). Sie überspielen ihre eigene Unsicherheit oft dadurch, daß sie die kranken Kinder hänseln, teilweise um sich daraus über ihre eigene körperliche Stärke und Unversehrtheit zu versichern, teilweise aber auch, um das kranke Kind zu eindeutigen Reaktionen zu provozieren, aus denen sie entziffern können, was mit ihm eigentlich genau los ist, wie es sich fühlt, und wie man am besten mit ihm umgeht.«*[36] Diese Beschreibung erscheint mir auch für die Begegnung zwischen »gesunden« und epilepsiekranken Kindern sehr treffend.

---

[36] PETERMANN 1987, S.58

5.3   Welche Probleme hat ein epilepsiekrankes Kind mit seiner Umwelt?

Kinder mit einer Epilepsie werden in der Begegnung mit ihrer Umwelt vor allem mit den Problemen konfrontiert, die die anderen Menschen mit ihnen haben. Dies ist besonders gravierend, da sie ihre Krankheit vor allem im Spiegel der anderen wahrnehmen. Die Folge kann sein, daß betroffene Kinder deswegen besonders sensibel, empfindlich oder auch ängstlich werden. Hat ein Kind Probleme mit der Verarbeitung seiner Krankheit und ein geringes Selbstbewußtsein entwickelt, reagiert es vor allem sehr sensibel auf die negativen Botschaften seiner Umgebung. Diese wiederum bestätigen das Kind in seinem geringen Selbstwertgefühl; ein Teufelskreis beginnt. Betroffene Kinder müssen lernen, mit den Problemen ihrer Mitmenschen aktiv umzugehen. Dabei sind sie in jedem Fall auf die Unterstützung ihrer Eltern, Erzieherinnen, Ärzte und Ärztinnen, Lehrerinnen und Lehrer angewiesen, evtl. auch auf psychotherapeutische Hilfe.

Ist es bei jüngeren Kindern vor allem Aufgabe der Eltern, die Umgebung der Kinder, wenn nötig, über die Krankheit aufzuklären, so sollten Kinder bzw. Jugendliche ab einem gewissen Alter diese Aufgabe mit übernehmen und aktiv gestalten. Sebastian berichtete im Interview dazu: *»In der Grundschule hat es meine Mutter den andern Kindern und Lehrern erklärt. In der Oberstufe habe ich es selber gemacht, habe den Lehrern alles verklickert. (...) teilweise wußten die überhaupt nichts über Epilepsie, und das hat mich ganz schön erstaunt. (...) So habe ich dann Aufklärung betrieben. Das war teilweise ganz schön schwierige Arbeit«.*[37] Sebastians Mutter schreibt dazu: *»Sebastian (...) hat ein offenes und selbstbewußtes Auftreten und wenig Probleme, in der Öffentlichkeit über seine Epilepsie zu sprechen. Seine Lehrer und Mitschüler hat er mit Hilfe von Videofilms selbst über die erforderlichen Erste-Hilfe-Maßnahmen informiert.«*[38]

Die Begegnung mit der Umwelt muß das Selbstkonzept nicht zwangsläufig negativ beeinflussen. Gelingt es einem Kind oder Jugendlichen, sich so wie Sebastian mit seiner Umwelt aktiv auseinanderzusetzen, sich nicht verunsichern zu lassen und so von den anderen akzeptiert zu werden, wie es ist, kann es aus der Auseinandersetzung auch Selbstbewußtsein und Selbstvertrauen gewinnen.

---

[37] Interview I, im Anhang
[38] LENGERT 1994, S.246

5.4   Welche Probleme ergeben sich aus den Anfällen?

Da es eine Vielzahl epileptischer Anfallsformen gibt, die in unterschied-
licher Frequenz und zu unterschiedlichen Tageszeiten auftreten, lassen
sich keine allgemeingültigen Aussagen über die Probleme treffen, die
sich aus epileptischen Anfällen ergeben. Selbst wenn man jede Anfallsform einzeln betrachtet, sind keine allgemeinen Aussagen möglich: Zum
einen erleben verschiedene Kinder Anfälle sehr unterschiedlich, und zum
anderen ist für jedes Kind jeder einzelne Anfall immer wieder anders
(vgl. Interview I, im Anhang).
Ich mache trotzdem den Versuch, einen kurzen Einblick in die psychosozialen Belastungen zu geben, die sich aufgrund von Anfällen für Kinder
und Jugendliche ergeben können. Dabei beziehe ich mich vor allem auf
Grand mal Anfälle.
Viele Kinder und Jugendliche müssen damit rechnen, daß sie unvorher-
gesehen und ganz plötzlich von einem Grand mal »überfallen« werden.
Dies ist äußerst unangenehm. Hinzu kommt die Angst vor Verletzungen.
Oft können sie sich nicht mehr »in Sicherheit« bringen, und es kann schon
zu spät für sie sein, sich hinzulegen oder verletzungsgefährliche Gegen-
stände aus der Reichweite zu nehmen.
Wie schon erwähnt, erleben Kinder im Anfall einen *Kontrollverlust* (vgl.
Kapitel 4.3). Dieser Kontrollverlust kann bei Kindern und Jugendlichen
zu dem Gefühl führen, sich selbst und den eigenen Körper, sowie das
Verhalten der Umwelt kaum kontrollieren zu können. Das Gefühl des
Kontrollverlustes kann sich generalisieren und zu einer Grunderfahrung
des Kindes werden (vgl. Kapitel 6.1.2). Dies ist für die Entwicklung des
Selbstbewußtseins und des Selbstvertrauens in die eigenen Fähigkeiten
eines Kindes ein großes Hindernis.
Nicht nur in bezug auf die Erfahrung der Selbstwirksamkeit und der Entwicklung des Selbstkonzepts ist dies von Bedeutung, sondern auch für
die Begegnung mit der Umwelt (vgl. Kapitel 5.2). Ein Anfall bedeutet
für Betroffene, sich bloßzustellen. Das Wissen um die Ängste und die
Abwehrhaltung in der Umwelt erschweren dies. Erschrecken, Abneigung
und Angst der anderen können nicht nur verunsichern, sondern sie können auch kränken und die eigene Angst vor dem nächsten Anfall verstär-
ken. Kinder mit einer Epilepsie leben außerdem immer mit der Furcht,
daß ein lebensbedrohender Status epilepticus eintritt.
Ein Grand mal Anfall kostet Betroffene viel Kraft. Meist müssen sie sich
anschließend ausruhen oder schlafen.
Verletzungen, starke Kopf- und Gliederschmerzen und starke Ermattung
schränken die Kinder in ihrer Aktivität ein (vgl. Kapitel 3.3.1). Sebastian
berichtete im Interview, daß er an Tagen nach einem Anfall meist nicht
in die Schule gehen konnte (vgl. Interview I, im Anhang).

5.5   Regelmäßige Medikamenteneinnahme und ärztliche Untersuchungen

Anfallskranke Kinder und Jugendliche, die medikamentös eingestellt sind, müssen auf eine regelmäßige Medikamenteneinnahme achten, um das Auftreten von Anfällen möglichst zu vermeiden. Die Einnahme der Medikamente erweist sich für einige Kinder und Jugendliche und ihre Familien als problematisch. Abgesehen davon, daß die regelmäßige Einnahme der Tabletten selbst Schwierigkeiten bereiten kann, entwickeln manche Kinder und deren Eltern eine Abneigung gegen die Medikation. Wenn Eltern mißtrauisch gegenüber der medikamentösen Behandlung sind, spürt dies ein Kind mit Sicherheit (vgl. Interview II, im Anhang). Da die Symptome der Krankheit meist nicht sichtbar sind, und sich die Kinder generell auch nicht krank fühlen, kann die Einsicht in die Notwendigkeit der Tabletteneinnahme schwer fallen.

Eine Epilepsie erfordert – wie so viele andere chronische Krankheiten – vom Kind und seiner Familie regelmäßige ärztliche Untersuchungen. Auch das kann sich als schwierig erweisen. Eine Mutter berichtete: *»C. muß alle sechs Wochen zur Blutabnahme. Er läßt das alles über sich ergehen. Aber es schmerzt ihn. Die regelmäßigen Untersuchungen (Medikamentenspiegel, alle zwei bis drei Monate EEG) sind ein große Belastung. Das Kind bekommt damit auch vermittelt: Ich bin krank.«*[39] Es ist wichtig, daß das Kind und seine Familie lernen, die Medikamenteneinnahme und die Arztbesuche in den Alltag zu integrieren.

5.6   Du darfst nicht ... Du sollst ...! – Notwendige Vorsichtsmaßnahmen

Zu Vorsichtsmaßnahmen und Regelungen des Alltags im Leben eines epilepsiekranken Kindes oder Jugendlichen lassen sich wiederum keine allgemeingültigen Aussagen treffen. Man muß zwischen den verschiedenen Anfallsformen, den Anfallsfrequenzen, auch zusätzlichen Beeinträchtigungen und den Persönlichkeiten der Kinder unterscheiden. Das Unfallrisiko ist bei Anfällen mit Bewußtseinsverlust z. B. weitaus größer als bei Anfällen ohne. Treten Anfälle gewöhnlich nur im Schlaf oder in der Einschlaf- oder Aufwachphase auf, sind andere Vorsichtsmaßnahmen geboten, wie wenn sich Anfälle tagsüber einstellen usw.
Im Folgenden stelle ich die in der Literatur am häufigsten erwähnten

---

[39] Interview II, im Anhang

Vorsichtsmaßnahmen und Regelungen für den Alltag anfallskranker Kinder und Jugendlicher vor.
Neben der regelmäßigen Medikamenteneinnahme und den Arztbesuchen ist vor allem ein *regelmäßiger Schlaf- Wachrhythmus* wichtig. Starke Unregelmäßigkeiten können anfallsauslösend wirken.
Betroffene Kinder und Jugendliche sollten möglichst nicht unter- oder überfordert werden. Starker Streß, aber auch Langeweile können anfallsauslösend wirken. Generell sollten sie ihre *anfallsauslösenden Faktoren* kennenlernen und sie wenn möglich vermeiden. *»Hierbei können Lehrkräfte und Mitschüler und Mitschülerinnen Unterstützung leisten, vor allem indem sie das Kind genau beobachten und über ihre Beobachtungen mit dem Kind in einer vertrauensvollen und offenen Form sprechen (...). Unter Einbeziehung der Eltern, Geschwister, Erzieher, Lehrer lernt das Kind seine spezielle Epilepsie kennen.«*[40]
Kinder und Jugendliche mit einer *photosensiblen Epilepsie*, (d. h. einer Epilepsie, bei der Anfälle durch Flackerlicht und starke Hell- Dunkelreize ausgelöst werden können), sollten z. B. beim Fernsehen/Filmschauen oder beim Arbeiten an einem Bildschirm auf eine möglichst gute Bildqualität (kein Flimmern), auf gute Hintergrundbeleuchtung, korrekte Distanz und auf den richtigen Blickwinkel achten; sie sollten starke Lichtkontraste vermeiden und bei Übermüdung nicht fernsehen. In der Schule müssen Lehrerinnen und Lehrer bei Schülerinnen und Schülern mit einer photosensiblen Epilepsie auf diese Umstände achten.
Haben Kinder oder Jugendliche Anfälle, bei denen sie stürzen können, ist auf die Verletzungsgefahr zu achten. Haben sie *nächtliche Anfälle*, sollten sie z. B. auf Matratzen schlafen, die direkt auf dem Boden liegen. Kinder, und Jugendliche, die nach dem Aufwachen Anfälle erleiden, sollten möglichst früh genug vor Schulbeginn geweckt werden, damit sie die erste Stunde nach dem Aufwachen im Bett liegen können; dies ist auch auf Klassenfahrten zu beachten.
Badezimmer- und Toilettentüren (auch in der Schule) sollten Schülerinnen und Schüler, die nicht anfallsfrei sind, nicht abschließen, sondern statt dessen ein »Besetzt«-Schild außen an der Tür anbringen. Die Toilettentür sollte möglichst nach außen aufgehen, da sonst ein Kind, das gestürzt ist, die Tür blockieren kann.
Kinder und Jugendliche, die nicht anfallsfrei sind, sollten nie allein *baden* oder *schwimmen*. Auch das *Fahrradfahren* kann vor allem im Straßenverkehr gefährlich sein. Kinder und Jugendliche, die nicht anfallsfrei sind, sollten das Fahrradfahren im dichten Straßenverkehr vermeiden. Ferner sollten sie immer einen Fahrradhelm tragen.
Der Schulweg, ein offenes Feuer, heiße Herdplatten, die Tische im Klas-

---

[40] SCHÖLER 1993, S.214f.

senzimmer, ein Heizkörper, das Spazieren am Seeufer, das Laufen an der Bahnsteigkante u. v. a. m. können Gefahren in sich bergen. Im Falle eines Anfalls können überall Gefahren lauern. Verletzungsgefährdete Kinder und Jugendliche sollten stets einen *Notfallausweis* bei sich tragen, in dem die Krankheit, die Medikation, Name und Adresse der Eltern sowie des behandelnden Arztes bzw. der Ärztin vermerkt sind.

6. Lernentwicklung von Schülerinnen und Schülern mit einer Epilepsie[41]

Wenn von Schülerinnen und Schülern mit einer Epilepsie die Rede ist, wird meist sofort die Frage nach ihrer Leistungsfähigkeit gestellt. Aufgrund von Fehlinformationen und Vorurteilen werden epilepsiekranke Kinder häufig vorschnell als minderbegabt oder sogar als geistig behindert abgestempelt.

Die Diagnose Epilepsie erlaubt jedoch keine generelle Aussage über die kognitiven Leistungsfähigkeiten eines Kindes. Ist ein Kind anfallskrank, heißt das nicht automatisch, daß es geringere kognitive Fähigkeiten aufweist.

Aus neueren Studien geht jedoch hervor, daß Kinder mit einer Epilepsie neben einem erhöhten *Risiko für Verhaltensauffälligkeiten* (vgl. Kapitel 5) auch ein erhöhtes *Risiko für Schulschwierigkeiten* haben. Bei ca. 30% (einige Autoren sprechen sogar von 50%) aller Kinder mit Epilepsie treten Schulschwierigkeiten und Lenprobleme auf.

Studien haben ergeben, daß ein Teil der anfallskranken Kinder mit Schulschwierigkeiten eine normale (Test-) Intelligenz hat. Etwa bei 15-30% aller anfallskranken Kinder treten wider Erwarten niedrige Schulleistungen auf. Leistungs- und Intelligenzkurven der betroffenen Kinder können demnach weit auseinanderlaufen.

6.1 Einflußfaktoren auf die Lernentwicklung von Kindern mit Epilepsie

Im Folgenden geht es um die Frage, welche Faktoren die Lernentwicklung von Kindern mit einer Epilepsie beeinflussen, und warum auch ein Teil der Kinder mit einer »normalen« Intelligenz Lernschwierigkeiten entwickeln kann. Ich werde dabei vor allem auf drei Einflußfaktoren eingehen: auf die kognitiven Fähigkeiten, auf die Persönlichkeitsstruktur und auf die sozio-kulturelle Umgebung.

---

[41] Grundlage der Kapitel zur Lernentwicklung sind u. a. MOCH 1993; ALDENKAMP 1990 und SCHMID-SCHÖNBEIN 1992.

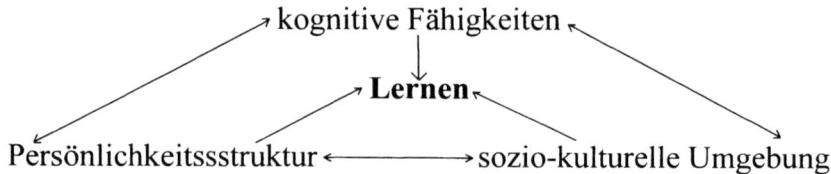

(mit freundlicher Genehmigung entnommen aus SCHMID-SCHÖNBEIN *1992, S. 6)*

6.1.1 Kognitive Fähigkeiten als Einflußfaktor auf die Lernentwicklung

Bedeutend für die Einschätzung kognitiver Fähigkeiten von Kindern mit einer Epilepsie ist das Wissen um zusätzliche *hirnorganische Schädigungen und Hirnfunktionsstörungen.* Der Erkrankung an Epilepsie liegt bei etwa 10% aller anfallskranken Menschen eine mehr oder weniger schwere hirnorganische Schädigung zugrunde. Bei ihnen wurde das Gehirn vor, während oder nach der Geburt beeinträchtigt. Entsprechend dem Schweregrad der hirnorganischen Schädigung kann man die Lernleistungen anfallskranker Kinder grob in folgende Gruppen einteilen:
– Kinder, die neben ihrer Epilepsie keine zusätzlichen Beeinträchtigungen der Hirnfunktion haben;
– Kinder mit einem durchschnittlichen oder sogar sehr guten intellektuellen Gesamtniveau, die aufgrund einer Hirnfunktionsbeeinträchtigung aber Teilleistungsschwächen zeigen (so z. B. Lese-Rechtschreibschwäche, Rechenschwäche, Konzentrationsschwierigkeiten, Koordinationsstörungen, Verlangsamungen u. ä.);
– Kinder, die aufgrund einer (eventuell auch fortschreitenden) Hirnfunktionsstörung erheblich im Lernen beeinträchtigt sind, und deshalb als »lernbehindert« bezeichnet werden;[42]
– Kinder, die neben ihrer Epilepsie im Lernen sehr stark behindert sind und deshalb als »geistig behindert« bezeichnet werden.

Ältere Untersuchungen unterschieden meist nicht zwischen diesen Gruppen. Nicht zuletzt deshalb gelangte man zu der Verallgemeinerung, Kinder mit einer Epilepsie hätten generell eine niedrigere Intelligenz als Kinder ohne Epilepsie.
Neben den hirnorganischen Beeinträchtigungen können weitere Faktoren die kognitiven Fähigkeiten beeinflussen. Sie stehen im Zusammen-

---

[42] Siehe auch Exkurs: Kritische Betrachtung des Begriffes »Lernbehinderung« (in Kapitel 7).

hang mit den »epileptic conditions« (vgl. auch Kapitel 4.3). So sind z. B. *ätiologische Faktoren* zu nennen. Man kann grob sagen, daß Kinder mit einer symptomatischen Epilepsie durchschnittlich einen niedrigeren IQ haben als Kinder mit einer idiopathischen Epilepsie.[43] Auch die Anfallsaktivitäten haben einen Einfluß auf die kognitiven Fertigkeiten. So stellten DAM (u. a.) Korrelationen zwischen dem Zeitpunkt der ersten Anfälle, der Anfallsfrequenz, der Anfallsdauer, der Anfallsform, den entsprechenden epileptologischen Auffälligkeiten im EEG und den kognitiven Fähigkeiten der Kinder fest.

Ein Kind mit *Absencen* wird z. B. in seiner kognitiven Tätigkeit sekundenlang unterbrochen; es kann keine Informationen während der Bewußtseinspause aufnehmen; der Prozeß des Mitdenkens und -arbeitens ist gestört. Treten Absencen im Schulalltag vermehrt auf, und bemerken oder beachten die Lehrenden diese nicht, können sie die betroffenen Kinder deutlich beeinträchtigen und im Lernprozeß behindern.

Auch sogenannte *»subklinische Anfälle«* können kognitive Tätigkeiten unterbrechen. Darunter versteht man kurze Anfallsmuster (von etwa 3-10 sec), die im Verhalten nicht erkennbar, sondern nur im EEG sichtbar sind. Subklinische Anfälle sind vor allem deshalb problematisch, weil sie selten als Anfälle erkannt werden. Die Störungen aufgrund subklinischer Anfälle wurden bisher z. B. durch eine verlängerte Reaktionszeit nachgewiesen.

Jeder Anfall, gleich welcher Form, bedeutet für das lernende Kind eine Unterbrechung, sei es nur für einige Sekunden, sei es für einige Stunden wie etwa bei einem Grand mal.

Auch *antiepileptische Medikamente* und deren Nebenwirkungen können die kognitiven Fähigkeiten beeinträchtigen, so z. B. durch Aufmerksamkeits- und Konzentrationsschwankungen, leichte Ermüdbarkeit oder Verlangsamung (vgl. Kapitel 3.5). Mit der Beeinträchtigung der Aufmerksamkeits- und Konzentrationsfähigkeit eines Kindes werden wichtige Grundvoraussetzungen des Lernens gestört. Es besteht auch die Gefahr, daß sich akute Nebenwirkungen von Medikamenten »chronifizieren« können. Die kognitiven Fertigkeiten eines Kindes können nachdrücklich negativ beeinflußt werden, wenn die Nebenwirkungen über Monate oder auch Jahre hinweg nicht erkannt werden.

Wegen der Vielzahl antiepileptischer Medikamente und der unterschiedlichen Reaktionen der einzelnen Kinder auf die Präparate lassen sich keine generellen Aussagen über die Beeinträchtigung treffen. Ärztinnen und Ärzte, Lehrerinnen und Lehrer und die Eltern müssen aufmerksam sein und sich in jedem Fall gegenseitig über Auffälligkeiten informieren (vgl. Kapitel 8.4). Auch eine differenzierte Psychodiagnostik kann zur Abklärung möglicher Beeinträchtigungen im kognitiven Bereich helfen.

---

[43] vgl. DAM 1990, S.28; vgl. auch Kapitel 3.1

Man sollte bei anfallskranken Kindern generell zwischen zwei Formen
kognitiver Beeinträchtigungen unterscheiden: den vorübergehenden kognitiven Beeinträchtigungen, die durch das Auftreten eines epileptischen
Anfalls bedingt sind, und den andauernden kognitiven Beeinträchtigungen, die durch die Grunderkrankung bedingt sind.
Für die Entscheidung, ob ein Kind sonderpädagogische Förderung bedarf, kann diese grobe Unterscheidung eine Entscheidungshilfe sein. Ist
ein Kind dauerhaft in seinem Lernen durch die Grunderkrankung beeinträchtigt, braucht es eher sonderpädagogische Förderung als ein Kind,
das »nur« zeitweilig durch Anfälle eingeschränkt ist. Schwierig und um-
stritten sind Entscheidungen dann, wenn man Kinder mit einer Epilepsie
keiner dieser beiden Gruppen eindeutig zuordnen kann.
Die Erläuterungen in dieser Arbeit haben gezeigt, daß Epilepsie nicht
gleichzusetzen ist mit niedriger Intelligenz und »Lernbehinderung«. Da
die gegenteilige Meinung jedoch immer noch weit verbreitet ist, soll der
folgende Exkurs die Frage nach einem möglichen geistigen Abbau durch
Epilepsie und epileptische Anfälle nochmals vertiefen.

Exkurs: Ist geistiger Abbau eine Folge von Epilepsie?

Ein allgemeiner Abbau der geistigen Fähigkeiten bei Menschen mit einer Epilepsie findet nicht statt, wenn keine zusätzliche fortschreitende
hirnorganische Schädigung hinzukommt; Längsschnittuntersuchungen
haben dies ergeben. Bei einer Studie der Schweizerischen Epilepsiekli-
nik Zürich wurden 161 Menschen mit schweren und meist therapieresi-
stenten Epilepsieformen und mit häufigen Anfällen im Abstand von mindestens fünf Jahren (und durchschnittlich 12,4 Jahren) mit dem HAWIE
(Hamburg-Wechsler-Intelligenztest für Erwachsene) getestet. Ihre Anfälle traten durchschnittlich schon im Alter von zehn Jahren zum ersten
Mal auf, Die zweite Erhebung fand jeweils im späteren Verlauf der Epilepsie statt. Ergebnis der Studie:
71% stabiler IQ (IQ - Werte innerhalb von 10 Punkten)
24% Zunahme des IQ (um mehr als 10 Punkte)
5% Abnahme des IQ (um mehr als 10 Punkte)

D. h., daß trotz schwerer Epilepsien mit häufigen Anfällen und langzeiti-
ger Medikation bei 95% der untersuchten Personen die IQ-Werte gleich-
blieben oder anstiegen.[44]
Ähnliche Ergebnisse zeigen Langzeitstudien aus den Niederlanden mit
Kindern.[45] 45 Kinder wurden im Abstand von durchschnittlich 4,2 Jah-

---

[44] vgl. SVEEK 1995, S.15
[45] ALDENKAMP 1990

ren dreimal mit dem HAWIK (Hamburg – Wechsler – Intelligenztest für Kinder) getestet. Trotz hoher Anfallsfrequenz blieb der Leistungsstand der getesteten Kinder konstant. Die Frage, ob bei jedem epileptischen Anfall Gehirnzellen zerstört werden, läßt sich heute eindeutig mit »nein« beantworten. Ausnahmen sind Serien schwerer Anfälle und der Status epilepticus; vermehrter Sauerstoffmangel kann sich dabei auf die Hirnsubstanz auswirken[46] (vgl. auch Kapitel 3.3.2): Ein direkter Einfluß auf die Lernentwicklung und auf die kognitiven Fertigkeiten eines Kindes wurde in diesem Zusammenhang nicht nachgewiesen.

6.1.2 Persönlichkeitsstruktur und sozio-kulturelle Umgebung als Einflußfaktoren auf die Lernentwicklung

Ein zentraler Aspekt in der Lernentwicklung eines anfallskranken Kindes ist die Erfahrung des *Kontrollverlusts* im Anfall und deren Einfluß auf die Entwicklung des Selbstvertrauens (vgl. Kapitel 4.3 und 5.4). Wenn sich das Gefühl des Kontrollverlusts, d. h. der Grunderfahrung des Ausgeliefertseins und der Machtlosigkeit, generalisiert, erfährt sich ein Kind schnell als inkompetent und fremdbestimmt, und es fühlt sich abhängig von externen Faktoren (z. B. von Zufällen oder anderen Personen). Diese »Grunderfahrung« bleibt nicht ohne Einfluß auf die Lernentwicklung. Ist ein Kind insgesamt ängstlich und traut es sich wenig zu, wird es in seinem Lernen beeinträchtigt. Es schreibt sich die Ergebnisse seiner Arbeit nicht selber zu. Somit ist eine zentrale Voraussetzung für den Lernprozeß gestört: die Verknüpfung zwischen dem eigenen Handeln und der Rückmeldung über Erfolg bzw. Mißerfolg. Vor allem die Erfahrung des eigenen Erfolges ist für Kinder in ihrem Lernprozeß von wesentlicher Bedeutung. Der Erfolg beeinflußt die Motivation und diese wiederum das Lernen.

Weiterhin ist die *emotionale Stabilität* eines Kindes für die Lernentwicklung bedeutsam. Auch die sozio-kulturelle Umgebung von Schülerinnen und Schülern, etwa das Erziehungspotential der Eltern, kann einen erheblichen Einfluß auf das Selbstkonzept und die Lernentwicklung nehmen. In Kapitel 5.1 wurde schon von dem Problem der Überbehütung gesprochen. Eine Folge der »overprotection« kann sein, daß Kinder in ihrem Erfahrungsspielraum und somit auch in ihren Lernmöglichkeiten eingeschränkt werden. Studien haben gezeigt, daß Eltern anfallskranker Kinder ihren Kindern generell weniger Selbständigkeit und Lernleistung

---

[46] Als wichtigstes Ziel jeder Epilepsiebehandlung wird nicht zuletzt deswegen die Verhütung von Anfällen gesehen.

zutrauen als andere Eltern ihren gesunden Kindern. Eltern anfallskranker Kinder haben außerdem häufig negative Erwartungen in bezug auf die Entwicklungsmöglichkeiten und Zukunftschancen ihrer Kinder. Diese Einstellung spüren Kinder natürlich. Wichtig für die Lernentwicklung ist, daß Kinder und Jugendliche Eltern haben, die ihnen vertrauen und die ihnen Sicherheit bieten. So können die Kinder eine *emotionale Stabilität* gewinnen, die ihnen auch beim Lernen hilft.

Kinder mit einer Epilepsie sollten zu Hause und in der Schule weder über- noch unterfordert werden. Ein angemessenes Lernangebot ist für sie wie für alle anderen Kinder von großer Bedeutung für den Lernprozeß. Da nicht alle Schülerinnen und Schüler einer Klasse die gleichen Leistungen erbringen können, sind sie auf differenzierte Lernangebote angewiesen (vgl. Kapitel 9).

Lehrerinnen und Lehrer stehen vor der Aufgabe, bei ihren Schülerinnen und Schülern die Entwicklung einer positiven und realistischen Selbsteinschätzung zu fördern. Dies gelingt ihnen nur, wenn sie ihnen mit positiver Erwartungshaltung und Achtung begegnen.

Kinder mit einer Epilepsie, die Schulschwierigkeiten und Lernprobleme entwickeln, geraten schnell in einen »*Teufelskreis*«. Haben sie Schulschwierigkeiten, wirken diese auf ihre Persönlichkeit ein und begünstigen psychosoziale Probleme. Die psychosozialen Probleme können das Auftreten von Anfällen begünstigen und damit wiederum die Entstehung von Lernproblemen. Die Lernprobleme führen zu Schulschwierigkeiten und diese wieder zu psychosozialen Problemen.[47]

Zusammenfassend kann man diesen »Teufelskreis« wie folgt darstellen:

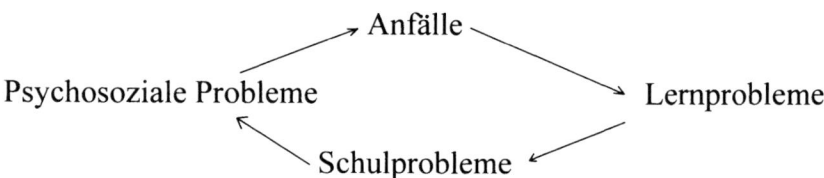

Damit ein anfallskrankes Kind nicht zum »Problemschüler« bzw. zur »Problemschülerin« wird, müssen Lehrerinnen und Lehrer versuchen, den beschriebenen »Teufelskreis« zu durchbrechen.

---

[47] vgl. HENRIKSEN 1990, S.23

Exkurs: Selbstkontrolle bei Epilepsie

Dieser Exkurs soll einen kurzen Einblick in den verhaltenstherapeutischen Ansatz der Selbstkontrolle geben und den Zusammenhang zwischen Selbstkontrolle und Lernentwicklung deutlich machen. In der Literatur weisen einige Autoren auf einen interessanten Aspekt hin: auf einen *zirkulären Zusammenhang zwischen Lernen und Epilepsie. »Lernen wird nicht nur durch Epilepsie eingeschränkt, sondern Epilepsie ist durch Lernen beeinflußt und beeinflußbar.«*[48] Das Auftreten von Anfällen kann u. a. von Umweltfaktoren, Verhalten, Gefühlen und auch durch bestimmte Tätigkeiten beeinflußt werden. Dies ist die Grundlage für die verhaltenstherapeutischen Ansätze, bei denen anfallskranke Menschen Selbstkontrolltechniken üben. Betroffene sollen lernen, mit ihrem Verhalten die Wahrscheinlichkeit für das Auftreten eines Anfalls zu vermeiden, bestenfalls den Anfall zu unterdrücken. Dafür müssen Kinder und Erwachsene ihre eigene Epilepsie genau kennenlernen. Gerd HEINEN, Psychologe und Mitarbeiter eines Berlin-Forschungsprojekts (»Selbstkontrolle bei Epilepsie«) veranschaulicht in seinem Kinderbuch *»Bei Tim wird alles anders«* (1996) für Kinder das Prinzip der Selbstkontrolle in einem Comic so:

(mit freundlicher Genehmigung entnommen aus HEINEN 1996, S.73)

Dazu erklärt er: *»Wenn Tim sich (...) gegen den Anfall wehrt, dann beschäftigt er sein Gehirn mit anderen Sachen, und weil dann seine Gehirnzellen arbeiten müssen, haben sie keine Zeit, bei dem Anfall mitzumachen (...). Wenn unter den Lesern des Buches Kinder oder Erwachsene sind, die so schon mal den einen oder anderen Anfall abgewehrt haben, dann sollten sie sich mal überlegen, was sie da gemacht haben. Vielleicht könnt Ihr das dann üben, so daß dieser Trick öfter und immer*

---

[48] SCHMID-SCHÖNBEIN 1992, S.9

besser funktioniert. Das ist gut, weil Ihr Euch so schon mal selbst helfen könnt und nicht jeden Anfall erdulden müßt.«[49] Selbstkontrolle bei Epilepsie hat einen positiven »Nebeneffekt«: Kinder müssen bei der Therapie selber intensiv aktiv sein. *»Selbst bei geringer Reduzierung der Anfälle könnte die Therapie dazu beitragen, die Gefühle von Ohnmacht, unter denen viele Kinder mit Epilepsie leiden, zu durchbrechen.«*[50] Außerdem entwickeln sie einen selbstsichereren Umgang mit ihrer Krankheit und können ein besseres Selbstwertgefühl gewinnen. Dies wiederum ist für Schülerinnen und Schüler mit einer Epilepsie eine besonders wichtige Grundvoraussetzung für den Lernprozeß.

---

[49] HEINEN 1996, S.72f.
[50] LENGERT 1994, S.254

PÄDAGOGISCHE ASPEKTE

7. Schulische Entwicklung von Kindern und Jugendlichen mit einer Epilepsie

Die Untersuchungen über die Verteilung anfallskranker Kinder und Jugendlicher auf die verschiedenen Schulformen kommen zu weitgehend einheitlichen Ergebnissen: ca. 70 - 80% der Kinder besuchen die Regelschule, ca. 20 - 30% eine Sonderschule.[51] Die Ergebnisse von Studien aus dem Raum Bielefeld (1983) und aus Bayern (1986) zeigen die genaue Verteilung aller epilepsiekranken Kinder und Jugendlichen im Vergleich zur Verteilung der Gesamtheit aller Schülerinnen und Schüler (im Raum Bielefeld) auf die verschiedenen Schulformen.[52]

Schulform	Raum Bielefeld	Bayern	Gesamtverteilung aller Schülerinnen und Schüler im Raum Bielefeld
Grundschule	22,1%	26,9%	28,1%
Hauptschule	23,5%	31,2%	21,1%
Realschule	7,4%	5,4%	13,7%
Gymnasium	10,3%	12,9%	21,9%
Sonderschulen	22,1%	23,7%	5,1%
davon:			
Schulen für Lernbehinderte		12,9%	
Schulen für geistig Behinderte		8,6%	
sonstige Sonderschulen		2,2%	

Zahlen entnommen aus: MOCH 1993, S. 5 und LAMPRECHT 1991, S.113)

Auffällig ist, daß Kinder und Jugendliche mit einer Epilepsie im Raum Bielefeld etwa 4½ mal und in Bayern etwa 7½ mal häufiger eine Sonderschule besuchen als die übrigen Schülerinnen und Schüler zusammen.

---

[51] vgl. MOCH 1993, S.5; vgl. SCHWAGER 1994, S.21
[52] Aktuellere Studien sind mir nicht bekannt.

Höhere Schulen besuchen nur etwa halb so viele anfallskranke Kinder wie Schülerinnen und Schüler insgesamt. Schülerinnen und Schüler mit einer Epilepsie verlassen die Schule häufiger als andere ohne Schulabschluß.
Wenn Kinder und Jugendliche mit einer Epilepsie eine Regelschule besuchen, bedeutet dies nicht, daß keine Schwierigkeiten auftreten. Ergebnisse von Untersuchungen zeigen, daß Lehrerinnen und Lehrer mehr als 50% von 85 beobachteten anfallskranken Kindern als »problematisch« bezeichneten, und ihre Leistungen als unterhalb des Durchschnitts liegend beschrieben.[53]
Die Schullaufbahn und der Schulabschluß sind entscheidende Faktoren für den Lebens- und Berufsweg von Kindern und Jugendlichen. Der Berufsweg anfallskranker Menschen verläuft häufig nicht problemlos. Menschen mit einer Epilepsie sind z. B. doppelt so oft von Arbeitslosigkeit betroffen wie Menschen ohne Epilepsie. Geht man davon aus, daß Epilepsien in aller Regel nicht mit kognitiven Einschränkungen einhergehen (vgl. Kapitel 6), muß man annehmen, daß viele der an Epilepsie Erkrankten aufgrund ihrer Krankheit benachteiligt werden, d. h. nicht die gleichen Bildungschancen erhalten.
Noch vor vierzig Jahren durften Kinder mit einer Epilepsie in England trotz ausreichender kognitiver Fähigkeiten nicht die Schule besuchen. Dieses Verbot legitimierte man nicht nur mit der Behauptung, die Kinder hätten geringere intellektuelle Fähigkeiten, sondern auch mit dem Hinweis auf ihre epilepsietypischen Persönlichkeits- und Wesensveränderungen.[54] Daran gemessen könnte man die Schulentwicklung von Kindern und Jugendlichen mit einer Epilepsie heute als »positiv« und »fortschrittlich« bezeichnen. Dies trifft jedoch nicht zu, denn sonst sähe die Verteilung auf die Schulformen anders aus. Wie bereits dargestellt, sind Schulschwierigkeiten von Kindern und Jugendlichen mit einer Epilepsie oftmals psychoreaktiver Natur. Unkenntnis, Vorurteile und Unflexibilität von Lehrerinnen und Lehrern sowie ein starres Schulsystem erschweren anfallskranken Kindern häufig den Schulalltag und die Schullaufbahn. Die äußeren Bedingungen verhindern, daß sie dieselben Bildungschancen erhalten wie Kinder ohne eine Epilepsie. Sind Lehrerinnen und Lehrer vor allem in den Übergangsphasen der Grundschulzeit unaufmerksam, unflexibel und wenig kooperativ, können anfallskranke Kinder sehr schnell Schulprobleme entwickeln. Im folgenden Kapitel werde ich deswegen die Übergangsphasen der Grundschulzeit kurz erläutern und ihre Gefahren für Kinder mit einer Epilepsie darstellen.

---

[53] vgl. HENRIKSEN 1990, S.21
[54] vgl. KASSEBROCK 1990, S.17

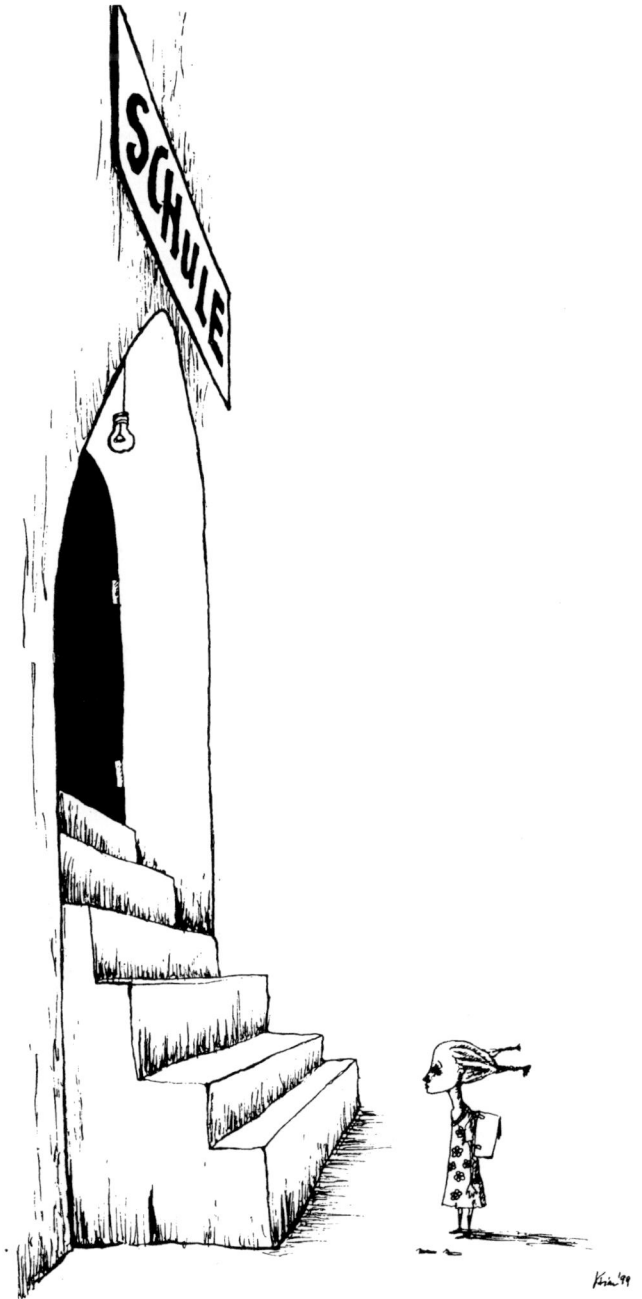

7.1 Übergangsphasen und -krisen in der Grundschulzeit[55]

Entwicklungskrisen von Grundschulkindern treten grundsätzlich vermehrt
in den Übergangsphasen der Grundschulzeit auf: in der Zeit um die Einschulung herum, dann zu Beginn des dritten Schuljahrs und schließlich
beim Übergang von der Grundschule auf die weiterführende Schule. Meistens können Kinder diese Veränderungen während der Überganspha-
sen, die in sich auch Chancen zur Weiterentwicklung enthalten, gut bewältigen. Für Kinder, die in ihrer Entwicklung beeinträchtigt sind, etwa
durch eine Epilepsie, werden die Übergangsphasen jedoch häufiger als
für andere Kinder zu Übergangs- und Entwicklungskrisen.

Die Zeit der *Einschulung* stellt für Kinder einen Übergang von der frühen Kindheit ins Schulalter dar. Ein bestimmter Entwicklungsstand der
Grob- und Feinmotorik, der sensorischen Fertigkeiten und der sozialen
und kognitiven Fertigkeiten ist Voraussetzung für den Eintritt in die Schule. Kritisch betrachtet hängt die Schulreife allerdings nicht nur von dem
Entwicklungsstand der Kinder ab, sondern auch von der Schule und ihren Lehrerinnen und Lehrern, von ihrer Bereitschaft, sich auf Kinder mit
Entwicklungsrückständen einzustellen. So kann man neben der Reife der
Kinder für die Schule auch von der »Reife der Schule für ihre Kinder«
sprechen. Für Kinder mit einer Epilepsie kann die Phase der Einschulung vor allem dann zur Übergangskrise werden, wenn sie zu Hause von
den Eltern überbehütet werden, keine Selbständigkeit gelernt haben, und
wenn ihnen die Ablösung vom Elternhaus sehr schwer fällt bzw. schwer
gemacht wird.
In der zweiten Übergangsphase, dem *Beginn des dritten Schuljahres*, werden an Schülerinnen und Schüler in den meisten Grundschulen höhere
Anforderungen an ihre Konzentrations- und Lernfähigkeit gestellt. Häufig beginnt dann die Benotung mit Zensuren. Nicht ohne Grund finden
während des Übergangs vom zweiten zum dritten Schuljahr die meisten
Sonderschulaufnahmeverfahren statt. Dies macht deutlich, »*daß es sich
auch bei diesem Zeitabschnitt um eine kritische Phase des Übergangs
handelt, in der uneinholbare Entwicklungsrückstände erbarmungslos auf-
gedeckt werden, und auch an die Integrationsbereitschaft der Schule erhöhte Anforderung gestellt werden.*«[56]
Das *Ende der Grundschulzeit* ist die dritte Übergangsphase. Am Ende
der vierten bzw. der sechsten Klasse werden die Weichen für die weitere
Schullaufbahn gestellt. Ein Schulwechsel steht bevor. Leistungsdruck und

---

[55] In diesem Kapitel stütze ich mich auf KASSEBROCK 1990.
[56] KASSEBROCK 1990, S.13

erhöhte Erwartungen der Eltern wirken sich oft belastend auf Schülerinnen und Schüler aus.
In den Übergangsphasen wächst für anfallskranke Kinder das Risiko für Schulschwierigkeiten, für Probleme beim Lernen und folglich auch für psychosoziale Probleme. Es ist Aufgabe der Lehrerinnen und Lehrer, zusammen mit den Eltern in dieser Zeit besonders aufmerksam zu sein, um möglichen Schwierigkeiten vorzubeugen. Werden Probleme nicht frühzeitig erkannt, können sie sich manifestieren und das anfallskranke Kind schnell zum »Problemfall« machen.

Exkurs: Kritische Betrachtung des Begriffs »Lernbehinderung«

Man spricht davon, daß einige Kinder mit Epilepsie Schulschwierigkeiten aufgrund einer »Lernbehinderung« hätten, daß sie »lernbehindert« seien. Deshalb wird den Eltern für ihre Kinder häufig eine Schule für Lernbehinderte empfohlen. Es erscheint deshalb sinnvoll, an dieser Stelle einen kritischen Blick auf diese »Kategorie der Behinderung« zu werfen und die Folgen für die Pädagogik darzustellen.[57]
Kinder, die als »lernbehindert« bezeichnet werden, bilden die größte Gruppe der Sonderschülerinnen und Sonderschüler. Die meisten von ihnen besuchen eine Schule für Lernbehinderte, die man neuerdings in einigen Bundesländern auch als »Förderschulen« bezeichnet. Zu den »lernbehinderten« Schülerinnen und Schülern gehören u. a. viele Kinder, die in sozial schwierigen Situationen leben, und bei denen sich aus ihrer Lebenssituation heraus Probleme beim Lernen entwickeln. Viele der Kinder zeigen Teilleistungstörungen, z. B. eine Lese-Rechtschreibschwäche und Dyskalkulie, oder ihre Schwierigkeiten sind besonders »ungewohnt«. Einige der Schülerinnen und Schüler sind besonders langsam, andere entwicklungsverzögert. Das Spektrum der Probleme ist breit gefächert. Der Begriff der »Lernbehinderung« läßt jedoch vermuten, daß alle »lernbehinderten« Kinder und Jugendlichen eine homogene Gruppe von Schülerinnen und Schülern bilden, die sich durch ihre spezifische Beeinträchtigung im Lernen von der Gruppe der nichtbehinderten Kinder und Jugendlichen unterscheidet. Der Begriff »Lernbehinderung« impliziert also ein »charakteristisches Merkmal«, eine »definierbare Eigenschaft« und eine »Seinsbesonderung« der betroffenen Kinder.
Dieser Vermutung sollte man kritisch gegenüberstehen, denn eine »Lernbehinderung« ist kein pathologisches Merkmal. Auch der IQ eines Kin-

---

[57] In meinen Ausführungen stütze ich mich vor allem auf EBERWEINS Aufsatz: »Lernbehinderung – Faktum oder Konstrukt?« (EBERWEIN 1997, S.14-22); vgl. auch SCHÖLER 1993

des ist kein verläßlicher Indikator für die Einteilung in »lernbehindert«
und »nicht lernbehindert«. EBERWEIN stellt fest: »*Es gibt also kein spezifi-
sches Lernverhalten sogenannter Lernbehinderter.*«[58] Sinnvoller ist es
deshalb, nicht von einer generellen »Lernbehinderung« zu sprechen, sondern nur von »aufgabenspezifischen Schwierigkeiten«.

Außerdem sollte man das Lernvermögen eines Kindes immer im Zusammenhang mit den psychosozialen, sozio-kulturellen und sozio-ökonomi-
schen Bedingungen betrachten. Eine »Lernbehinderung« ist eine Behinderung im Lernen. Ihre Ursachen findet man nicht nur beim Kind selbst,
sondern auch in seiner Umwelt, also auch in der Schule, z. B. in einem
unangemessenen Lernangebot oder auch in verständnislosem Verhalten
von Lehrerinnen und Lehrern.

Die Suche nach den »äußeren« Ursachen einer »Lernbehinderung« ist
meines Erachtens auch für Kinder mit einer Epilepsie besonders wichtig,
da gerade sie viele ihrer Probleme erst in der Interaktion mit ihrer Umwelt, d. h. auch mit der Schule und ihrer Lernumgebung entwickeln. Es
ist wichtig, Kinder mit Problemen beim Lernen, gleich welcher Art, nicht
nur nach ihren Defiziten zu beurteilen, sondern vielmehr immer die För-
derungsmöglichkeiten im Blick zu haben.

Dieser Ansatz hat weitreichende Folgen für die Pädagogik. EBERWEIN for-
dert deshalb, eine »*differentielle Pädagogik*« anstelle der »*Lernbehin-
derten-Pädagogik*«. Eine Pädagogik, die sich jeweils um die ganz spezifischen Probleme im Lernprozeß der betroffenen Kinder kümmert und
versucht, schwierige Lernsituationen zu verbessern. SCHÖLER ergänzt: »*Es
ist völlig falsch, diese Kinder* [mit Lernbehinderungen] *wegen Schwierigkeiten in Teilbereichen aus der Gruppe der anderen herauszunehmen.
Wenn besondere Trainingsangebote gemacht werden, dann müssen sich
diese in den Unterrichtsablauf der gesamten Klasse integrieren lassen,
d. h., es muß für alle Kinder ›normal‹ sein, daß sie nicht alle zur selben
Zeit dasselbe tun.*«[59] Eine »*differentielle Pädagogik*« käme auch nicht
nur Kindern mit großen Problemen beim Lernen zugute sondern allen
Schülerinnen und Schülern. Denn für jedes Kind sind individuelle Lehr-
und Lernziele sinnvoll.

Berücksichtigen Lehrerinnen und Lehrer die besonderen Lernbedürfnis-
se von Kindern nicht, so werden betroffene Schülerinnen und Schüler
immer Schwierigkeiten haben und »die Letzten« sein.

---

[58] EBERWEIN 1997, S.18
[59] SCHÖLER 1993, S.223, vgl. auch Kapitel 9

7.2   Welche Schule kann ein Kind mit Epilepsie besuchen?

Viele Eltern epilepsiekranker Kinder stehen vor der Frage: »Welche Schule kann mein Kind besuchen?«

Die Empfehlungen für Kinder, deren Anfälle nicht zu häufig und zu stark sind, und die in ihren intellektuellen Fähigkeiten der Altersnorm entsprechen, sind in der Literatur[60] recht einheitlich. Man sagt, daß sie ohne weiteres die Grund- und Hauptschule besuchen könnten. Entscheidend bei der Schulwahl sollte die »*Intelligenz- und Leistungskapazität*« eines Kindes sein. Daneben wird vor allem das Auftreten von Anfällen als Entscheidungsfaktor bei der Schulwahl mit einbezogen: »*Es besteht kein Anlaß, ein normal begabtes epileptisches Kind nicht in die öffentliche Schule zu schicken, sofern die Anfälle ganz oder weitgehend unter Kontrolle sind*«.[61] Deutlich wird, daß die Empfehlungen für eine Regelschule nicht uneingeschränkt ausgesprochen werden.

Anders bei den sogenannten »minderbegabten« Kindern. MATTHES empfiehlt für sie z. B. eine Sonderschule für Lernbehinderte. Er ist der Ansicht, daß man das »Versagen« der Kinder in der Schule nicht dem »Unvermögen« der Lehrerinnen und Lehrer oder sogar den anfallshemmenden Medikamenten zur Last legen könne. Die Ursache liege vielmehr in den Lernstörungen und den Minderbegabungen der Kinder. Wenn das Anforderungsniveau in der Lernbehindertenschule zu hoch sei, sollten die Kinder nach MATTHES eine Schule für geistig Behinderte besuchen. Passe ein Kind in keine dieser Schulen, so bleibe noch die Schule für Körperbehinderte oder, wenn keine geeignete Sonderschule in der Nähe sei, eine Heimsonderschule.

So wie MATTHES warnt auch DOOSE vor der Überforderung der anfallskranken Kinder in der Regelschule. Ständige Mißerfolge könnten nicht nur zu »Schulversagen« sondern auch zu psychischen Störungen führen. Würden anfallskranke Kinder überfordert, empfiehlt DOOSE einen frühzeitigen Wechsel zu einer leichteren Schulform. DOOSE führt allerdings nicht auf, welche Schulformen er genau meint.

In der Info-Broschüre »Unser Kind hat Anfälle« von FREUDENBERG heißt es: »*Wenn Ihr Kind in der Regelschule überfordert ist, so scheuen Sie sich nicht, es in eine Förderschule oder eine Sonderschule für Körperbehinderte zu schicken, besonders wenn der Lehrer oder der Arzt dazu rät (...). Wenn Ihr Kind sehr schwach begabt ist und auch den Anforderungen der Förderschule nicht genügt, kann es oft erstaunliche Fortschritte in einer Sonderschule für geistig Behinderte machen – und erheblich an*

---

[60] vgl. MATTHES 1989; SCHWAGER 1994; DOOSE 1995; FREUDENBERG 1996
[61] MATTHES 1996, S.68

Lebensfreude gewinnen, wenn die dauernde Überforderung wegfällt.«[62]
Die zitierte Literatur ist eine Auswahl von »Standardinformationen« über
Kinder mit Epilepsie. Neben dem ärztlichen Rat erhalten Eltern vor allem ihre Informationen hieraus – u. a. Antworten auf die Frage der Schulwahl. Trotz neuerer Erscheinungsdaten taucht in dieser Literatur die Möglichkeit des Besuches einer integrativen Schule so gut wie nicht auf. Es
scheint, als kennten viele der Autoren das Angebot der schulischen Intergration nicht oder als ignorierten sie es. Würden sie sonst nicht wenigstens darauf eingehen?
Da ich eine Integrationsschule für Kinder mit einer Epilepsie, mit oder
ohne zusätzlicher Beeinträchtigungen für sehr empfehlenswert halte, stelle
ich in den beiden folgenden Kapiteln die wenigen Empfehlungen zur Integrationsschule für Kinder mit einer Epilepsie (vgl. Kapitel 7.2.1) vor
und veranschauliche anschließend mit einer Fallgeschichte die Vorzüge
der integrativen Pädagogik für ein anfallskrankes Kind (vgl. Kapitel 7.2.2).

7.2.1 Kinder mit Epilepsie in Integrationsklassen[63]

*»In Berlin gibt es z. Z. 55 Sonderschulen, die Kinder nach Behinderun-
gen sortieren. Da fällt die Wahl schwer: Mein Kind hat sprachmotori-
sche Schwierigkeiten, also Sprachbehindertenschule oder Sprachheilschu-
le? Mit dem Lernen hapert's auch – Lernbehindertenschule oder Gei-
stigbehindertenschule? (...) Seine Epilepsie und sein etwas spastischer
Gang machen ihn zum Kandidaten für die Körperbehindertenschule, auf
einem Auge sieht er schlecht, Sehbehindertenschule? Sebastian paßt in
keine Sonderschule. Also geht er in die Grundschule! (...) Mein Sohn
(und ich) hatten das große Glück, einen Platz in einer der viel begehrten
Integrationsschulen zu bekommen.«*[64]
Haben Kinder neben ihrer Epilepsie z. B. erhebliche Schwierigkeiten beim
Lernen oder im Verhalten, sind sie auf eine Förderung in der Schule angewiesen, die über das normale Angebot der Regelklasse hinausgeht. Sie
brauchen eine »differentielle Pädagogik« (vgl. Exkurs in Kapitel 7), die
ihren besonderen Bedürfnissen gerecht wird. Eine integrative Pädagogik
und ein integrativer Unterricht bieten Möglichkeiten dafür: kleinere Klassen, das Zwei-Pädagoginnen-System und ein leistungsdifferenzierter Unterricht.
Für viele anfallskranke Kinder ist ihre Krankheit nicht die größte Bela-

[62] FREUDENBERG 1996, S.30
[63] Die Ideen der Integrationspädagogik sind Grundlage meines Buches. Aus Gründen des Umfangs verzichte ich jedoch auf detaillierte Erläuterungen der Prinzipien, der Geschichte und
der verschiedenen Ansätze und Modelle der Integrationspädagogik.
[64] LENGERT 1989, S.13, vgl. auch Kapitel 7.2.2

stung. Vielmehr sind es die psychosozialen und psychoreaktiven Probleme, die ihnen kein »normales« Leben ermöglichen (vgl. Kapitel 5 und 6.1.2). Gerade deswegen ist es für Kinder mit einer Epilepsie von großer Bedeutung, daß sie mit in einem »normalen« Umfeld leben und lernen können. In einer Integrationsklasse können Kinder mit Schwierigkeiten beim Lernen oder auch mit Verhaltensauffälligkeiten besondere Förderung erhalten, ohne ausgesondert zu werden, denn *«Akzeptanz der Verschiedenheit und Differenzierung in der sozialen Gemeinschaft sind die wesentlichen pädagogischen Merkmale eines integrativen Unterrichts.«*[65] Auch wenn Kinder mit einer Epilepsie keine »Gutachtenkinder« sind, d. h. nicht auf »sonderpädagogischen Förderbedarf« angewiesen sind, können ihnen die Bedingungen einer integrativen Klasse sehr gute Möglichkeiten bieten. Lehrerinnen und Lehrer sowie Schülerinnen und Schüler sind darauf eingestellt, daß alle Kinder verschieden sind und individuelle Bedürfnisse haben. In einer Regelklasse mit »Gleichschrittprogramm«, ohne Öffnung des Unterrichts und ohne Binnendifferenzierung, ist die Gefahr größer, daß Kinder, die – in welcher Form auch immer – besondere Bedürfnisse haben, zu »schwierigen Schülerinnen und Schülern« werden.[66]

Bei SCHÖLER heißt es sehr treffend: *»Ob Kinder unter ihren Anfällen leiden, d. h. ein ›Anfallsleiden‹ haben, hängt – bezogen auf die Schule – von der Schaffung geeigneter Bedingungen ab. In Integrationsklassen müssen Kinder mit einer Epilepsie nicht leiden. Binnen- und leistungsdifferenzierter Unterricht, Zweipädagogensystem, kleinere Klassen sind gut für alle Kinder. Kinder mit Epilepsien haben hier die Möglichkeit, ›ganz normale‹ Schülerinnen und Schüler zu sein, mit Zuspruch des Lehrers, Akzeptanz durch ihre Mitschüler, positivere Betonung ihrer Lernerfolge.«*[67]

GOURLEY, auch ein Vertreter der schulischen Integration anfallskranker Kinder, schreibt: *»Epilepsy should not be used as a discriminator in deciding appropriate school placements. Integration must be accepted as an overall policy!«*[68] MOCH verweist ebenfalls auf integrative Möglichkeiten in der Schullaufbahn epilepsiekranker Kinder. Sie betont, daß gerade bei Kindern, mit stark schwankenden Leistungen und ohne eindeutige medizinische Pro-

---

[65] SCHÖLER 1993, S.11
[66] Das heißt nicht, daß anfallskranke Schülerinnen und Schülern, die keine Integrationsklasse besuchen, grundsätzlich Schulschwierigkeiten haben. Bei sehr vielen Schülerinnen und Schülern verläuft der Besuch einer Regelklasse problemlos.
[67] SCHÖLER 1993, S. 222
[68] GOURLEY 1990, S. 59; Übersetzung: »Epilepsie sollte keine Diskriminierung bei der Entscheidung für den geeigneten Schulplatz sein. Integration muß als eine allgemeine Politik (als allgemeiner Grundsatz) akzeptiert werden.«

gnosen zu Anfallshäufigkeit und Anfallsentwicklung, Schwierigkeiten mit dem starren Schulsystem entstehen können. Ein integrativer Unterricht mit Lernzieldifferntzierung hingegen könne eine ungünstige Kombination von Über- und Unterforderung vermeiden.[69] Auch die Epilepsie-Selbsthilfe spricht sich für die schulische Integration aus. Die Redaktion der Zeitschrift »einfälle« schreibt dazu in dem Heft zum Thema »Epilepsie im Schulalltag«: *»Wir vertreten ganz bewußt und mit Nachdruck den Standpunkt, daß Menschen mit Behinderung gleich welcher Art in unserer Gesellschaft und damit auch in der Schule einen gleichwertigen Platz haben müssen. Wir fordern daher die ›Nichtaussonderung‹ aus Kindergarten, Schule und Berufsleben! Wer nicht ausgesondert wurde, muß später auch nicht integriert werden.«*[70] Hilfreich bei der Entscheidung der Schulwahl kann für betroffene Eltern der Austausch mit anderen Eltern anfallskranker Kinder sein, z. B. über eine Selbsthilfegruppe oder über »Eltern beraten Eltern« (siehe Adressenliste, im Anhang).

7.2.2 Fallgeschichte: »Sebastian paßt in keine Sonderschule«[71]

»Sebastian hat also Epilepsie. Er mußte ständig starke Medikamente mit nicht unerheblichen Nebenwirkungen nehmen. Was jetzt werden würde, welchen Verlauf die Krankheit nehmen würde, wann der nächste Anfall kommen würde, wie sich Sebastian entwickeln würde, konnte uns niemand sagen.«[72] So schildert Sebastians Mutter im Rückblick die Zeit, in der Sebastian neun Monate alt war und an Epilepsie erkrankte... Heute ist Sebastian 23 Jahre alt. Er hat nach dem Realschulabschluß eine Lehre zum »Kaufmann für Bürokommunikation« gemacht und seine Abschlußprüfung mit Erfolg bestanden.[73] Während der Lehre wurde er »*(...) knallhart mit der Leistungsgesellschaft konfrontiert, mit der er nicht mithalten kann«.* Mit seinem starken Willen, viel Arbeitsaufwand und mit der Unterstützung seiner Familie meisterte er jedoch die Schwierigkeiten.
Dazwischen liegen die Zeit im Kinderladen, im integrativen Kinderhaus und zehn Jahre in einer Integrationsschule. Für Sebastian ist diese Zeit

[69] MOCH 1993, S.11
[70] einfälle, Nr.66, 17. Jhg./1998, S.20
[71] Als Ergänzung zu der Fallgeschichte vgl. Interview I, im Anhang; vgl. auch LENGERT 1998, S.34-36
[72] LENGERT 1996, S.144; wenn nicht anders gekennzeichnet stammen auch alle weiteren Zitate hieraus
[73] vgl. auch: LENGERT, Sebastian: Geschafft! In: einfälle Nr.67, 17. Jhg./1998, S.29f.

von seiner Integration geprägt. Mit fünfzehn Jahren stellte er sich auf einer »Expertenrunde« zum Thema Epilepsie vor: »*Mein Name ist Sebastian. Ich bin 15 Jahre alt und schon seit meiner Geburt integriert. Erst in der Familie, dann im Kinderladen, dann im Kinderhaus, dann in der Fläming-Schule, jetzt in der Sophie-Scholl-Oberschule. Die meisten Kinder waren nicht behindert. Ein paar hatten welche.*«[74]
Zunächst besuchte Sebastian einen von seinen Eltern mitgegründeten Kinderladen. Zwar hatten »Spezialisten« seiner Mutter empfohlen, ihn aufgrund seiner vielseitigen »Defizite« (spastischer Gang, Sehbehinderung, Sprachbehinderung, Koordinationsprobleme, »hochgradige Intelligenzminderung«, Epilepsie u. v. a. m.) in einen Sonderkindergarten zu geben, doch seine Mutter entschied sich gegen die Aussonderung ihres Sohnes, und setzte sich fortan für die kompromißlose Nichtaussonderung von Menschen mit Behinderungen ein.
Mit fünf Jahren kam Sebastian ins Kinderhaus Friedenau, der damals einzigen integrativen Kita in Berlin. Dort spielten und lernten behinderte und nichtbehinderte Kinder gemeinsam, und Sebastians Mutter lernte zum erstenmal Eltern anderer behinderter Kinder kennen.
Sebastian war froh, daß er gemeinsam mit den meisten Kindern aus dem Kinderhaus Friedenau 1983 in die Vorklasse der Fläming-Grundschule wechselte. Die ihm vertrauten Kinder gaben ihm auch Sicherheit in seiner Krankheit, denn er sagte, »*Die meisten kannten das ja schon aus dem Kinderhaus. Es waren ja nur so sechs oder sieben neue Kinder in der Klasse, die haben sich schnell daran gewöhnt.*«[75]
Obwohl Sebastian während der Schulzeit sehr selten Anfälle hatte, war für Sebastians Mutter die »*(...) ständige Anwesenheit von zwei Pädagoginnen in der Integrationsklasse eine große Beruhigung.*« Und der »*(...) leistungsdifferenzierte Unterricht versorgte Sebastian mit Erfolgserlebnissen, auf die er stolz war, und die anerkannt wurden, seine Eigeninitiative (...) wurde von allen Beteiligten gefördert und gestützt.*«[76]
Sebastians langjährige Klassenlehrerin erzählte, daß Sebastian feinmotorische Schwierigkeiten hatte, und daß ihm das Schreiben sehr schwer gefallen sei. Absencen aber auch die Nebenwirkungen der Medikamente hätten seine Aufmerksamkeit herabgesetzt. Sein Reaktionsvermögen sei oftmals eingeschränkt gewesen. Aber Sebastian sei immer sehr zielbewußt und teilweise richtig stur im Lernen gewesen. Meist arbeitete er alleine, still für sich, habe mündlich immer gut mitgemacht und sei immer sehr selbstbewußt gewesen. Für Klassenarbeiten hatte Sebastian nach Angaben der Lehrerin immer etwas mehr Zeit, oder aber der Umfang seiner Arbeit sei etwas geringer gewesen.

---

[74] einfälle Nr.39, 10. Jhg./1991, S.12
[75] Interview I, im Anhang
[76] LENGERT 1995, S.148

Die Epilepsie, so berichtete Sebastians Lehrerin, habe in der Schule vordergründig keine große Rolle gespielt, da dort so gut wie keine Anfälle aufgetreten seien. Sie selbst und ihre Kollegin hätten sich genauestens über Sebastians Epilepsie informiert und hätten gewußt, wie sie bei einem Grand mal Anfall hätten reagieren müssen. Sebastian selbst sei immer selbstbewußt mit seiner Krankheit umgegangen, habe mit Hilfe seiner Mutter und später allein die Lehrerinnen und Lehrer und die Klasse darüber aufgeklärt.

Im Interview erklärte mir Sebastian: *»Ich habe Grand mal Anfälle. Dabei gibt es drei verschiedene Gefährlichkeitsgrade: Es gib die Absencen, die merkt kaum jemand, wo ich kurz mal an die Decke gucke. Und beim Grand mal kommen dann die richtigen Anfälle. Da bin ich weggetreten für mehrere Minuten. Das Gefährlichste ist der Status. Das sind mehrere Anfälle, die aufeinander folgen, ohne Unterbrechung. Der eine hört auf, der nächste kommt sofort. Die sind kritisch. Wenn man so etwas sieht, ist sofort der Notarzt oder die Feuerwehr zu rufen. Da gibt es keine andere Möglichkeit.«*[77] Sebastian hat insgesamt sehr positive Erinnerungen an seine Schulzeit. In der schon erwähnten »Expertenrunde« schilderte er sein schönstes Schulerlebnis: *»Ich war Schülerlotse! Zuerst sollte ich nicht, weil ich gerade wieder große Anfälle bekam. Ich wollte aber unbedingt! Da haben meine Lehrerinnen mit dem Polizisten, der Schülerlotsen ausbildet, gesprochen. Meine Mutter auch. Der Polizist wußte erst nicht, was er machen sollte. Er hatte noch nie einen behinderten Schüler ausgebildet. Er fragte die Rektorin. Die sagte: ›Wenn Basti die Prüfung schafft wie alle anderen auch, regelt die Schule den Rest.‹ Ich habe wenig für Hausaufgaben gemacht und dafür ganz viel ›Leitfaden für Schülerlotsen‹ gelernt. Dann habe ich die Prüfung bestanden. Der Polizist hat gesagt: ›Bravo Basti‹. Meine Mitschüler haben geklatscht, als ich in die Klasse kam. Als Schülerlotsen haben wir Geschenke bekommen. Wir waren bei Paraden dabei. Als mir einmal nicht so gut war, und es draußen sehr heiß war, sollte ich erst nicht mit, weil wir sehr lange stehen mußten. Darüber war ich sehr traurig, denn ich hatte mich auf die Parade gefreut. Da hat aber die Renate, die wissenschaftliche Begleitung an Fläming macht, gesagt: ›Ist Basti nun Schülerlotse oder etwa nicht? Wenn Basti einen Anfall kriegt, dann sehen die Leute wenigstens mal wie so was aussieht.‹ An diesem Tag hat mich dann Inge begleitet, das war die pädagogische Mitarbeiterin (...). Zum Abschluß haben alle Berliner Schülerlotsen eine Reise gemacht. Ich natürlich auch. Es war schön, daß alle zu mir gehalten haben.«*[78]

---

[77] Interview I, im Anhang
[78] einfälle Nr. 39, 10. Jhg./1991, S.12

Für Sebastian waren seine Klasse und die gute Klassengemeinschaft in der Schulzeit sehr bedeutsam. Seine Klassenlehrerin berichtete, daß Sebastian in seiner Klasse immer akzeptiert worden sei. Die anderen hätten gewußt, daß Sebastian sie brauchte. Natürlich habe er wie alle anderen Kinder auch Ablehnung, aber immer auch Zuneigung in der Klasse erfahren.

Sebastians Wechsel zur Sophie-Scholl-Gesamtschule hatten seine Lehrerinnen gut vorbereitet. Seinen individuellen »sonderpädagogischen Förderbedarf« hielten sie in einem Gutachten schriftlich fest: *»Betreuungsnotwendigkeit: Im schulischen Alltag muß eine Person schnell erreichbar sein, die Sebastian bei einem Anfall sachkundig versorgen kann. Es muß vom Stundenplan her sichergestellt sein, daß informierte Pädagogen – zusätzlich zu den von der Fläming-Grundschule Abgeordneten – den ganzen Tag zu Verfügung stehen. Wenn Sebastian mit seinen Mitschülern zusammen ist (z. B. auf dem Schulhof), muß einer dieser Pädagogen lediglich kurzfristig erreichbar sein und ihn medizinisch versorgen können und sich darum kümmern, daß er nach Hause oder ins Krankenhaus gebracht wird. Alle diese wichtigen Aufgaben werden auf einem Notfallbogen verzeichnet. Besonders in der Phase der Eingewöhnung braucht Sebastian Hilfe von ihm vertrauten Erwachsenen und Zeit, sich auf die neue Situation einzustellen.(...) Sebastian kann sehr ausdauernd und konzentriert arbeiten, wenn er sich dafür entschieden hat. Durch individuelle Ansprache und Kontakte kann gewährleistet werden, daß er sich den Leistungsanforderungen stellt. Besondere Unterstützung braucht Sebastian aufgrund feinmotorischer Schwierigkeiten bei allen schriftlichen Arbeiten. Inwieweit Sebastian im Rahmen des langen Schulalltags Ruhepausen benötigt, muß während der ersten Monate beobachtet und gegebenenfalls berücksichtigt werden.«*[79]

Sebastian sei ein gutes Beispiel für Integration, meinte seine Lehrerin zu mir. Auch Sebastian selbst empfiehlt immer Integration und keine Sonderschule, denn *»Mit einem Sonderschulabschluß kannst du überhaupt nichts anfangen. Für meine Ausbildung ist z. B. die mittlere Reife nötig. Das Sonderschulabschlußzeugnis kannst du dir wie eine Urkunde an die Wand hängen, und das war es.(...) Ich bin für Integration, weil ich gegen Aussonderung bin. (...) Ich bin dafür, daß sich beide Gruppen, die Behinderten und die Nichtbehinderten besser kennenlernen sollten, damit kein abstoßendes Verhalten zweier Gruppen entsteht. Und daher bin ich für Integration behinderter Kinder.«*[80]

---

[79] einfälle Nr. 30, 8. Jhg./1989, S.13
[80] Interview I, im Anhang

7.2.3 Kinder mit einer Epilepsie in der Regelklasse –
Bedenken und Vorurteile

Es gibt eine Reihe von Bedenken bei Lehrerinnen, Lehrern, Eltern, Ärztinnen und Ärzten und im »Volksmund«, warum Kinder mit einer Epilepsie nicht »ganz normal« eine Regelklasse besuchen sollten. In diesem Kapitel stelle ich einige dieser Bedenken und Vorurteile vor. Folgender Bericht einer Mutter, erschienen in der Zeitschrift »einfälle«, soll ein Vorurteil veranschaulichen: »(...) *André, 6 Jahre alt, hatte starken Husten. Also suchten wir einen Kinderarzt auf (...). Natürlich erzählte ich ihm, daß André seit dem zweiten Lebensjahr an Epilepsie leide und auf Antiepileptika eingestellt sei, damit er seine Husten-Medikamente darauf abstimmen könne. Daraufhin erkundigte sich der Arzt, welche Ursache die Epilepsie ausgelöst habe. Ich erklärte ihm, daß die Ursache nicht klärbar sei (...) und daß sich die Anfallssituation unter den jetzigen Medikamenten sehr gebessert habe (15 Monate Anfallsfreiheit). Beim Weggehen fragte er mich, ob André die Lebenshilfeschule besucht. Auf meine Antwort, daß André in die ganz normale Grundschule eingeschult wird, meinte der Arzt: ›Ach so, wollen sie es einmal versuchen‹. Auf meine Frage, wie er auf ›versuchen‹ komme, antwortete er, André sei vorhin auf seine Frage nicht eingegangen. Als wir nach Hause kamen, trafen wir im Haus das fast gleichaltrige Nachbarkind, das gerade vom Urlaub zurückkam. Auf meine Frage hin, wie es im Urlaub war, ob sie schwimmen waren (...) u.s.w. bekam ich keine Antwort. Ob der Arzt die Mutter auch fragen würde, ob das Kind in die Lebenshilfeschule kommt?«*[81]

Umfragen bei Lehrerinnen und Lehrern haben ergeben, daß sie Bedenken bei der Aufnahme eines Kindes mit Epilepsie in ihre Klasse hätten[82]: 2/3 der befragten Lehrerinnen und Lehrer hätten Angst, sich bei einem Anfall falsch zu verhalten, die Hälfte wäre verunsichert, 1/5 äußerte die Befürchtung, das anfallskranke Kind könne den Unterricht stören. Lehrerinnen und Lehrer, die bereits Kinder und Jugendliche mit einer Epilepsie unterrichtet hatten, äußerten diese Bedenken prozentual etwas weniger.[83]
PUCKHABER berichtet von seinen Untersuchungen in einer Kindertagesstätte, daß 71% der befragten Erzieherinnen negative psychische Auswirkungen auf die anderen Kinder befürchteten, und daß 60% von ihnen

---

[81] einfälle Nr. 30, 8. Jhg./1989, S.9
[82] Bei der Befragung wurden die Fragen in indirekter Form gestellt, d. h. die Befragten sollten sich gedanklich in eine Kollegin bzw. einen Kollegen hineinversetzen. Damit sollte verhindert werden, daß sich die Befragten in einer »sozial erwünschten« Weise darstellen (vgl. LAMPRECHT 1990, S.236).
[83] vgl. LAMPRECHT 1990, S.239

ein anfallskrankes Kind aus Angst vor Verletzung der Aufsichtspflicht nicht in die Gruppe aufnehmen wollten. PUCKHABER berichtete weiter, daß in seinen Studien insgesamt große Hilflosigkeit und Unkenntnis über Epilepsie deutlich wurden. Ratlos seien die Erzieherinnen nicht nur in bezug auf das konkrete Anfallsgeschehen gewesen, sondern auch im Hinblick auf die Notwendigkeit, die Krankheit des Kindes zum Thema zu machen und das Verständnis der anderen Kinder zu fördern. Der Großteil der Pädagoginnen differenzierte außerdem nicht nach den verschiedenen Anfallsformen und nach der Individualität der Kinder. *»Es schien eine Schublade zu bestehen, in die alle anfallskranken Kinder einsortiert wurden.«*[84]

Zur übertriebenen Angst von Pädagoginnen und Pädagogen, ein Anfall können sich negativ auf die Psyche der anderen Kinder auswirken, ist folgendes Zitat aus einem Lehrbuch der Heilpädagogik von 1956 interessant: *»Ein Anfall in der Schule kann für andere Kinder einen schweren Schock bedeuten und geradezu eine psychische Infektion auslösen, besonders wenn der Lehrer der Situation nicht gewachsen ist. Vor mehreren Jahren kam eine Mädchenhauptschulklasse einer Wiener Schule durch den Anblick eines epileptischen Anfalls derart außer Rand und Band, daß mehrere Mädchen in einer Panikreaktion aus dem Fenster sprangen und sich schwer verletzten. Sicherlich hatte auch die Lehrerin damals menschlich versagt. Sie hätte (...) mit dem Einsatz ihrer ganzen Persönlichkeit, (...) die Aufmerksamkeit der Schülerinnen von dem Leiden der Kameradin weg lenken müssen.(...) Angesichts der Schwierigkeiten, die sich naturgemäß aus solchen sensationellen Ereignissen ergeben, erscheint es begreiflich, wenn Schulen oft Kinder mit Anfällen von vorne herein ablehnen, selbst wenn sie ihrer Intelligenz nach gut lernfähig wären.«*[85]

Zwanzig Jahre später widersprach das Landgericht Mannheim dieser Meinung deutlich. Ein Kindergarten hatte den Kindergartenvertrag eines Kindes mit Epilepsie für beendet erklärt, nachdem die Eltern die Empfehlung der Kindergartenleitung abgelehnt hatten, ihr Kind in einen Sonderkindergarten für geistig behinderte Kinder zu geben. Nach Angaben der Kindergartenleitung sei der Betrieb durch die Anfälle erheblich gestört worden. Außerdem seien die anderen Kinder durch das Miterleben der Anfälle verstört gewesen. (Das Kind hatte in den zwei Jahren im Kindergarten wenige Anfälle von maximal 60 Sekunden gehabt, und die Eltern waren sofort gekommen, um das Kind nach Hause zu bringen.) Das Landgericht Mannheim erklärte am 3. März 1982 den Kindergartenvertrag für nicht beendet. Es legte entscheidendes Gewicht darauf, daß das anfallskranke Kind die Förderung einer gesunden Umwelt brauche,

---

[84] PUCKHABER 1994, S.117
[85] ASPERGER 1956, S.130

und daß ein Kindergarten für geistig behinderte Kinder für dieses Kind schädlich gewesen wäre. Außerdem hob das Landgericht hervor, daß es Aufgabe des Kindergartens sei, die Integration »Behinderter«[86] in die soziale Umwelt zu fördern.[87] Sofern gelegentliche Anfälle den Kindergartenbetrieb nicht erheblich störten, dürfe weder die Aufnahme verweigert noch die weitere Betreuung eines Kindes mit Epilepsie abgelehnt werden.[88]
Integration von Kindern mit Behinderungen ist in den jeweiligen Kindergartengesetzen geregelt. In Berlin, Hamburg und Brandenburg ist sie z. B. gesetzlicher Anspruch.
Die geschilderten Bedenken, Unsicherheiten und Vorurteile gegenüber der Aufnahme eines Kindes in die Regelklasse lassen sich sehr ähnlich erklären wie die allgemeinen Vorurteile gegenüber Menschen mit einer Epilepsie (vgl. Kapitel 2):
– Lehrerinnen und Lehrer übertragen schwierige Einzelfälle auf alle anfallskranke Kinder, den Grand mal Anfall auf alle Anfälle;
– Lehrerinnen und Lehrer wissen häufig wenig oder gar nichts über Epilepsie. Ihre Informationsdefizite verursachen Unsicherheiten;
– das Lehramtsstudium vermittelt so gut wie keine Informationen über Kinder mit Epilepsie oder mit anderen chronischen Krankheiten;
– Lehrerinnen und Lehrer sind oft nicht flexibel genug, sich mit ihrem Unterricht auf besondere Bedürfnisse von Kindern einzustellen;
– manche Lehrerinnen und Lehrer scheuen zusätzliche Arbeit und mögliche Auseinandersetzungen (mit der Schulleitung, anderen Eltern, Kolleginnen und Kollegen).

Meines Erachtens hat es keinen Sinn, bestehende Bedenken und Unsicherheiten von Lehrerinnen und Lehrern zu übergehen und unbeachtet zu lassen. Sie sollten sich ihrer Haltung gegenüber Kindern mit einer Epilepsie bewußt werden und »produktiv« mit bestehenden Ängsten und Unsicherheiten umgehen, d. h. sich vor allem Kenntnisse über Epilepsie aneignen. Lehrerinnen und Lehrer müssen sich zumindest über medizinische, psychologische und über pädagogische Aspekte der Krankheit informieren (vgl. Kapitel 8.1).
Nicht nur Lehrerinnen und Lehrer, sondern auch Eltern betroffener Kinder haben oft Bedenken dagegen, daß ihr Kind eine Regelklasse besucht. Sie sind unsicher, ob ihr Kind dort optimal gefördert und betreut werden kann. Diese Bedenken sind vor allem dann gerechtfertigt, wenn Lehrerinnen und Lehrer nicht ausreichend über Epilepsie informiert sind. Der Besuch in der Regelschule kann dann für diese Kinder von Nachteil sein,

---

[86] Man kann diese Kind allerdings nicht als »behindert« bezeichnen.
[87] Az: 4 O 31/81,veröffentlicht in der Neuen Juristischen Wochenschrift 1982, S. 1335f.
[88] vgl. STEINMEYER 1994, S.6f.

ja sogar gefährlich. Auch eine mangelnde Flexibilität der Lehrerinnen und Lehrer im Unterricht, in der Leistungsbewertung und in der Organisation des Schulalltags rechtfertigen die Bedenken der Eltern. Würden die Bedürfnisse der Kinder überhaupt nicht berücksichtigt, so wären einige von ihnen wahrscheinlich in einer Sonderschule besser untergebracht. Befürchtungen, »normale« intellektuelle Anforderungen im Unterricht könnten anfallsauslösend wirken, sind hingegen unbegründet, denn nur Überforderung kann zu Streß und dadurch zu einer erhöhten Anfallsbereitschaft führen (vgl. Kapitel 3.2).

Wie die Pädagogik und der Unterricht auf schulischer Ebene und auf Klassenebene gestaltet werden kann, damit Kinder mit der Diagnose Epilepsie gerechte Bildungschancen erhalten, werde ich im folgenden Teil meines Buches darstellen.

8. Pädagogik in Schulen und Klassen mit anfallskranken Kindern

Der Schwerpunkt meiner Betrachtung liegt im folgenden Teil des Buches vor allem auf Schülerinnen und Schülern mit einer Epilepsie, die keine weiteren Krankheiten haben oder durch eine Behinderung beeinträchtigt sind.[89] Ich gehe dabei von einer normalen Klassensituation aus: einer Klassenfrequenz von 25 - 30 Schülerinnen und Schülern, einer Lehrerin bzw. einem Lehrer im Unterricht und keinen zusätzlichen Fördermaßnahmen. Zudem sind nicht alle Lehrerinnen und Lehrer in einer gewöhnlichen Regelklasse bzw. -schule mit der integrativen Pädagogik vertraut, weder durch ihr Studium noch durch ihre Berufserfahrungen. Gewöhnlich arbeiten sie in ihrem Unterricht nur wenig binnendifferenziert. Außerdem sind viele gar nicht oder nur oberflächlich über Epilepsie informiert.

Aus der Überschrift dieses Kapitels könnte man schließen, daß Kinder mit einer Epilepsie eine besondere Pädagogik und einen besonderen Unterricht brauchen. Diese Annahme wäre jedoch falsch. Kinder mit einer Epilepsie brauchen grundsätzlich keine »*epilepsiespezifische Behandlung*« in der Schule. Denn in der anfallsfreien Zeit unterscheiden sich Kinder und Jugendliche mit einer Epilepsie nicht von anderen Kindern und Jugendlichen. Sie erscheinen nicht als krank und sollen auch nicht als »Kranke« behandelt werden. Rücksicht müssen Lehrerinnen und Lehrer nur dann nehmen, wenn Leistungsschwankungen aufgrund der Anfälle und/oder der Nebenwirkungen der Medikamente auftreten. Wichtig ist auch, daß Lehrerinnen und Lehrer Rücksicht auf mögliche psychosoziale Schwierigkeiten nehmen.
Mütter betroffener Kinder betonten, daß keine besondere Behandlungsweise ihrer Kinder nötig sei. Als Empfehlung für andere Eltern riet eine

---

[89] Was die Erkrankung an Epilepsie betrifft, gelten für Schülerinnen und Schüler mit zusätzlichen Beeinträchtigungen allerdings sehr ähnliche Bedingungen wie für die Kinder, die »nur« eine Epilepsie haben. Meine Ausführungen treffen demzufolge auch auf diese Kinder und Jugendlichen zu.

Mutter z. B.: »(...) bewußt keine besondere Behandlung. Zwar genaue Beobachtung, aber nur nicht ›in Watte packen‹.«[90]
Kinder mit einer Epilepsie brauchen eine Pädagogik wie alle anderen Kinder auch: eine Schule, die alle Schülerinnen und Schüler in ihrer Persönlichkeitsentwicklung und ihrer individuellen Lernfähigkeit fördert. Ein Unterricht, in dem Lehrerinnen und Lehrer versuchen »(...) den unterschiedlichen Lernvoraussetzungen und Lernbedürfnissen aller Kinder gerecht zu werden, ein Höchstmaß an Selbstentfaltung und Kommunikation zu ermöglichen, Eigeninitiative und -verantwortung ebenso zu fördern, wie Kooperation und gegenseitige Verantwortlichkeit.«[91] Die Schule soll ein realer Lebensraum und ein Ort der sozialen Begegnung sein und die Entwicklung eines günstigen Selbstkonzeptes fördern.
Lehrerinnen und Lehrer sollen außerdem Schwierigkeiten und Probleme von Kindern erkennen und ihnen Hilfestellungen leisten. Eine Schule kann nicht alle Probleme, auch nicht die eines anfallskranken Kindes, auffangen und lösen. Wird ein Kind mit Epilepsie in seiner Familie z. B. überbehütet und nicht zur Selbständigkeit erzogen, können Lehrerinnen und Lehrer dem nicht gänzlich entgegenwirken. Sie können nur versuchen, den Kindern zu Selbstvertrauen und Selbständigkeit zu verhelfen, und sie in einem selbstverantwortlichen Lernen und Arbeiten zu begleiten. Lehrerinnen und Lehrer sollten auch den Mut haben, einen Teil ihrer Verantwortung abzugeben, z. B. wenn nötig an eine psychotherapeutische Unterstützung für das Kind.
Eine Lehrerin erzählte mir, daß ein anfallskranker Schüler auf Anforderungen, die er nicht zu bewältigen glaubte, mit der Warnung reagierte: »Ich kann das nicht, du mußt mir helfen, sonst kriege ich gleich einen Anfall!« Die angemessene Berücksichtigung eines anfallskranken Kindes in der Klasse ist wichtig und notwendig. Allerdings darf die Epilepsie nie zu einem Machtinstrument der Kinder werden.

Exkurs: Können Kinder einen Anfall bewußt provozieren oder vortäuschen?

Bei einigen Anfallsarten können die Betroffenen einen Anfall mehr oder weniger bewußt auslösen. Es ist z. B. möglich, daß sie dies dann tun, wenn der Anfall ein positives Gefühl hervorruft, oder wenn sie durch den Anfall einer unangenehmen oder schwierigen Situation ausweichen können.
Es kommt auch vor, daß Kinder einen Anfall vortäuschen. Das tun sie z. B., um Aufmerksamkeit auf sich zu lenken, oder um sich einer schwie-

---

[90] Fragebogen 8, im Anhang
[91] CZERWIONKA 1988, S.52

rigen Situation zu entziehen. »*Der spielerische Umgang mit den Anfällen ist aber auch*«, so die Schweizerische Vereinigung der Eltern epilepsiekranker Kinder, »*eine mögliche Form der Krankheitsverarbeitung.*«[92] Anfälle können auch vorgetäuscht oder provoziert wirken, wenn sie immer wieder in sehr ähnlichen Situationen auftauchen. Meist sind diese Situationen dem Kind gar nicht bewußt.

Möglich ist auch, daß ein Kind unter »*psychogenen*« Anfällen leidet. Das sind nichtepileptische Anfälle mit psychischen Ursachen. Bei jüngeren Kindern sind diese Anfälle allerdings sehr selten.

Die SVEEK weist weiterhin darauf hin, daß generell »*Anfälle dieser Art und der Umgang damit (...) ohne den Zuzug von Fachleuten und ohne Zusammenarbeit mit den Eltern ein großes Risiko für falsche Interpretationen und für Fehlverhalten* [bedeuten]. *Bei Verdacht auf solche Phänomene sollte möglichst rasch eine entsprechende Beratung gesucht werden.*«[93]

8.1 Aneignen und Weitervermitteln von Informationen durch Lehrerinnen und Lehrer

Erfahren Lehrerinnen und Lehrer, daß ein Kind mit einer Epilepsie in ihre Klasse kommt, so gilt es, sich über die Krankheit zu informieren. Die Mutter eines epilepsiekranken Kindes sagte: »*Es ist nicht nötig, Lehrer mit dem Wissen von Ärzten auszustatten. Sie benötigen Grundkenntnisse über chronische Krankheiten im Grundschulalter (...). Wenn ein Kind mit Epilepsie oder anderen Erkrankungen in der Klasse ist,* [sollten sie] *sich konkret informieren und den Dialog mit den Eltern, gegebenenfalls mit dem Arzt des Kindes suchen.*«[94] Entsprechende Angebote von Eltern sind hierfür besonders wertvoll, weil viele Eltern betroffener Kinder »Experten« sind. Sie können z. B. über einschlägige Literatur Auskunft geben, mit den Techniken der Ersten Hilfe vertraut machen usw.[95] Informationen können Lehrerinnen und Lehrer z. B. auch in den Selbsthilfegruppen, bei der »Deutschen Epilepsievereinigung«, beim »Informationszentrum für Epilepsie« und anderen Anlaufstellen erhalten.[96] Sebastians Lehrerin berichtete, daß sie und ihre Kolleginnen sich ausführlich über Epilepsie informiert hätten. Sie habe als Lehrerin natürlich auch Angst gehabt. Mit den Informationen habe sie sich aber sicherer

[92] SVEEK 1995, S.27
[93] SVEEK 1995, S.27
[94] Fragebogen 4, im Anhang
[95] Auf dem Elternabend in der Selbsthilfegruppe berichteten Mütter über die enttäuschende Erfahrung, daß die Lehrerinnen ihre Informationsangebote nicht wahrgenommen hätten.
[96] vgl. Adressenliste, im Anhang

gefühlt. Wichtig sei für sie immer der Austausch mit der Mutter gewesen. Ein kommunikatives Elternhaus sei immer wichtig, betonte die Lehrerin.

Haben sich Lehrerinnen und Lehrer Informationen angeeignet, sollten sie diese auf jeden Fall auch an ihre Kolleginnen und Kollegen, wenn nötig auch an Eltern und an die Klasse weitergeben.

Aufklärung im Kollegium

Epilepsie, wie auch andere chronische Krankheiten zum Thema einer pädagogischen Fachtagung, einer Konferenz oder einer Fortbildung zu machen, ist sicher grundsätzlich sinnvoll. Ebenso sinnvoll ist es, daß es an jeder Schule eine »Expertin« oder einen »Experten« gibt, der sich mit der Krankheit Epilepsie vertraut gemacht hat, über notwendige Kenntnisse verfügt und diese an Kolleginnen und Kollegen weitergeben kann. Nicht nur dem Kollegium kann eine solche »Expertin« bzw. ein »Experte« in Fragen zu dem Thema Epilepsie Unterstützung bieten, sondern auch den Eltern anfallskranker Kinder.

»Expertinnen« und »Experten« sind auch für andere »Problembereiche« denkbar wichtig, z. B. für verschiedene Behinderungen, für sexuellen Mißbrauch, für interkulturelle Arbeit oder für Drogenprävention. Von ihrem Wissen profitiert das ganze Kollegium.

In diesem Zusammenhang ist der Beschluß des bayerischen Landtags zur Epilepsieaufklärung an bayerischen Schulen interessant. Am 21.10.98 wurde beschlossen: »*Die Staatsregierung wird ersucht sicherzustellen, daß Informationen über den Umgang mit epilepsiekranken Kindern und Jugendlichen und deren Familien in alle pädagogischen Ausbildungs- und Fortbildungsbereiche eingehen.*«

Laut Beschluß sollten folgende Bereiche Inhalte der Epilepsieaufklärung sein: medizinisches Grundwissen, wichtige psychosoziale Faktoren bei Epilepsie, Verhaltensmaßnahmen bei Anfällen, Interpretation von Lern- und Leistungsstörungen, Interpretation von Verhaltensauffälligkeiten und Hintergrundwissen für die teils sehr schwierige Beratung der Eltern.

Die bayerische Gesetzesinitiative sollte in den anderen Bundesländern Nachahmung finden!

Aufklärung der anderen Eltern in der Klasse

Ist ein Kind nicht anfallsfrei, und muß während der Schulzeit mit Anfällen gerechnet werden, haben die Lehrerinnen und Lehrer die Aufgabe, die Eltern der anderen Kinder über die Krankheit zu informieren; dies allerdings nur in Absprache mit den Eltern des betroffenen Kindes.

Ein Elternabend böte z. B. eine gute Gelegenheit. Gemeinsam könnten sich die Lehrerinnen und Eltern ein Informationsvideo über Epilepsie anschauen, andere Eltern anfallskranker Kinder könnten eingeladen werden. So sind Eltern nicht nur vorbereitet, wenn das anfallskranke Kind zu ihnen nach Hause kommt; auch als Hintergrund für Gespräche zwischen Kindern und Eltern ist Aufklärung der anderen Eltern nützlich. Eine Mutter aus der Selbsthilfegruppe berichtete von der sozialen Isolation ihres anfallskranken Kindes, das aufgrund einer zusätzlichen körperlichen Behinderung und Problemen beim Lernen eine Integrationsklasse besucht. Sie war der Ansicht, daß die anderen Eltern der Klasse eigentlich das »größte Problem« seien. Viele von ihnen gäben ihr Kind nur in eine Integrationsklasse, um die Vorzüge der kleineren Klassen und der zwei Pädagoginnen zu nutzen. Die anderen Eltern, so berichtete die Mutter, würden ihr Kind nie nach Hause einladen, aus Angst, es könne dort einen Anfall erleiden; dies erschwere die Integration. Hier ist die Lehrerin/der Lehrer gefragt. Sie/er hat die Aufgabe, zwischen der betroffenen Mutter und den übrigen Eltern zu vermitteln. Treten während der Schulzeit keine Anfälle auf, oder ist das Kind anfallsfrei, besteht keine Notwendigkeit, die anderen Eltern der Klasse zu informieren. Es bleibt dann vielmehr eine Entscheidung der betroffenen Eltern, mit wem sie über die Krankheit ihres Kindes sprechen.

8.2 Diagnostische Aufgaben von Lehrerinnen und Lehrern

Ein Grand mal Anfall ist selbst für Laien nicht schwer als epileptischer Anfall zu erkennen. Andere Anfallsformen hingegen sind unbekannter und werden nicht selten als Verhaltensauffälligkeit, Träumerei oder Unaufmerksamkeit fehlinterpretiert. Hieraus ergibt sich die Notwendigkeit, daß alle Lehrerinnen und Lehrer wenigstens geringe Grundkenntnisse über Epilepsie haben sollten.
Lehrerinnen und Lehrer können eine Epilepsie sicherlich nicht selbst diagnostizieren. Schöpfen sie jedoch Verdacht, bemerken sie z. B. Auffälligkeiten im Verhalten, ungewöhnliche Aufmerksamkeitsstörungen o. ä., sollten sie das Gespräch mit den Eltern suchen, gegebenenfalls mit der Schulärztin/dem Schularzt.[97]

Wie können Lehrerinnen und Lehrer eine Epilepsie erkennen?
Grundsätzlich kann man eine Epilepsie nur im Anfallsstadium beobachten. Dafür ist es notwendig, verschiedene Erscheinungsformen epileptischer Anfälle zu kennen. Ich fasse deshalb an dieser Stelle in Kürze die in Kapitel 3.3 genauer dargestellten Erscheinungsformen noch einmal zusammen:

---

[97] vgl. Kapitel 8

- Das Kind bricht sehr plötzlich seine Tätigkeit ab, ist einige Sekunden lang abwesend, starrt in die Luft, wirkt abwesend und verträumt. Anschließend setzt es die begonnene Beschäftigung fort.
- Das Kind zuckt kurzzeitig unkontrolliert mit dem Körper, mit Arm, Bein, oder einer Körperseite.
- Die Schülerin/der Schüler ist plötzlich verwirrt, nimmt die Umgebung nicht mehr wirklich wahr und macht evtl. zusätzlich unkontrollierte Bewegungen.
- Das Kind fällt zu Boden, verliert das Bewußtsein, der Körper wird steif und es fängt anschließend an, mit Kopf und Gliedern rhythmisch zu zucken.

Weitere Erscheinungen können sein: stereotype Bewegungen, Nesteln, Verwirrungszustände, Blinzeln, Speichelfluß, Erbrechen, Atemnot, Einnässen u. ä. Auch die Aura[98] des Kindes kann auffällig sein.

Die Mithilfe von Eltern, Lehrerinnen und Lehrern ist für eine korrekte ärztliche Diagnose wichtig. Sie können bei der Schilderung und der Registrierung der Anfälle mitarbeiten. RIED und SCHÜLER haben in ihrem Buch »*Epilepsie. Vom Anfall bis zur Zusammenarbeit*« eine Reihe von »*Fragen an die Angehörigen und Augenzeugen*« zusammengestellt, die als Leitfaden für genaue Beobachtungen dienen können. Da ich sie für sehr sinnvoll halte, sind sie im Anhang vollständig aufgeführt.[99] Treten bei einem Kind während der Schulzeit Anfälle auf, sollten Lehrerinnen und Lehrer diese in einem Anfallskalender der Schülerin/des Schülers vermerken. Dazu gehören Angaben über den Zeitpunkt und den Verlauf des Anfalls, über eventuelle anfallsauslösende Faktoren und die Beschreibung der Situation. Dies muß nicht die alleinige Aufgabe der Lehrerinnen und Lehrer sein; die anderen Schülerinnen und Schüler können mitarbeiten, denn »Viele Augen sehen besser als zwei!«

8.3 Das Gespräch zwischen Eltern und Lehrerinnen und Lehrern

Gespräche mit Müttern anfallskranker Kinder haben mir gezeigt, daß Eltern epilepsiekranker Kinder teilweise immer noch Bedenken haben, Lehrerinnen und Lehrer über die Krankheit ihres Kindes zu informieren. Eine Mutter riet zwar allen Eltern, mit der Lehrerin zu sprechen, aber »*Man muß (...) im Gefühl haben, ob es jemand ist, der man vertrauen kann, die es richtig aufnimmt.*«[100] Dieselbe Mutter berichtete im Interview, daß ihr

---

[98] vgl. Kapitel 3.2
[99] vgl. »Fragen an Angehörige und Augenzeugen«, im Anhang
[100] Interview II, im Anhang

Mann immense Hemmungen habe, Informationen über die Krankheit seines Sohnes weiterzugeben. Er habe Angst, daß die Information »Epilepsie« dann in einem Computer lande, und daß sein Sohn lebenslang als »Epileptiker« stigmatisiert würde.

Die Ängste und Bedenken machen deutlich, wie groß die Sorge von Eltern ist, daß ihre Kinder aufgrund der Epilepsie in irgendeiner Weise benachteiligt werden. In einigen Fällen sind diese Sorgen bedauernswerterweise gerechtfertigt. »*Zurückhaltung* [bei der Information] *kann unter den bestehenden schulischen Bedingungen auch durchaus angebracht sein, wenn das Kind sehr selten Anfälle hat, nur nachts krampft und in der Schule keinerlei Schwierigkeiten hat. Eltern befürchten oft zu Recht, daß ›Offenheit‹ ihrem Kind in diesem Fall mehr Schaden als Nutzen bringt, daß das Kind zu sehr in den Mittelpunkt des Lehrerinteresses rückt, daß Unsicherheit und Angst der Lehrer Schonhaltung, Überbehütung oder gar Aussonderung zur Folge haben kann.*«[101] Lehrerinnen und Lehrer sollten sich bemühen, offen und verständnisvoll mit den Eltern zusammenzuarbeiten, damit die Eltern bedenkenlos über eine Epilepsie, über persönliche Probleme des erkrankten Kindes oder auch über gravierende familiäre Schwierigkeiten sprechen können. Denn ein Kind mit Epilepsie braucht genauso Hilfe wie z. B. ein Kind mit großen Problemen beim Lernen. Nur wenn die Lehrerinnen und Lehrer gut informiert sind, können sie angemessen und verantwortlich reagieren. Bei SCHÖLER heißt es weiter, daß es sich als hilfreich erwiesen habe, wenn bei dem Erstgespräch zwischen Eltern und Lehrerinnen und Lehrern eine dritte Person dabei sei. Idealerweise wären dies Lehrerinnen und Lehrern, die schon einmal ein Kind mit Epilepsie in ihrer Klasse hatten. Aber auch integrationserfahrene Eltern oder eine andere Person

---

[101] SCHÖLER 1994, S.221

des Vetrauens, wie z. B. die Elternvertretung der Klasse, können beim Erstgespräch unterstützen.
Die betroffenen Kinder sollten immer wissen, ob ihre Eltern die Lehrerinnen und Lehrer über ihre Krankheit informiert haben. So können sie sich darauf einstellen, daß sie sich ihnen mit ihrer Krankheit anvertrauen können, daß sie nicht ganz alleine dastehen. Sie haben die Gewißheit: Die Lehrerin hilft mir.

Wie können Lehrerinnen und Lehrer bei Verdacht auf eine Epilepsie mit den Eltern reden?

Haben Lehrerinnen und Lehrer einen begründeten Verdacht, daß eine/r ihrer Schülerinnen oder Schüler die Symptome einer Epilepsie zeigt, sollten sie das Gespräch mit den Eltern suchen. Das erste Gespräch kann recht schwierig sein, vor allem dann, wenn die Eltern bis dahin selber keine »Besonderheiten« an ihrem Kind festgestellt haben, oder aus Angst vor der Diagnose mit ihrem Kind noch nicht bei einem Arzt waren. Lehrerinnen und Lehrer sollten deshalb sehr behutsam vorgehen und sich auf das Gespräch, evtl. auch mit Kolleginnen und Kollegen oder auch einer Ärztin/einem Arzt, gut vorbereiten. Hilfreich kann es für Eltern sein, wenn Lehrerinnen und Lehrer ihnen z. B. die Adresse eines Kinderneurologen geben, der ein Zusatzzertifikat Epilepsie hat, wenn sie sie an eine Epilepsie-Selbsthilfegruppe weitervermitteln, und wenn sie sich vor allem immer gesprächsbereit und verständnisvoll gegenüber den Eltern zeigen.
Äußern Lehrerinnen und Lehrer eine »Verdachtsdiagnose«, müssen sie sich darüber im Klaren sein, daß sie damit bei den Eltern einen Schock, Ängste, Verzweiflung, Unsicherheiten u. ä. auslösen können. Aus diesem Grunde ist es wichtig, ihnen konkrete Hilfe vermitteln und anbieten zu können.

Das offene Zugehen und Äußern des Verdachts kann für Eltern auch eine Erleichterung darstellen. »*Sie wußten schon lange, daß* ›*etwas nicht stimmt*‹*. Ihre Angst und Unsicherheit hat endlich einen Namen bekommen. Sie müssen sich nicht länger mit den Vorwürfen/Selbstvorwürfen quälen, eine schlechte Mutter, ein schlechter Vater zu sein und unfähig zur Erziehung des Kindes, sondern kennen die Ursache.*«[102]

---

[102] SCHÖLER 1994, S.220

8.4 Zusammenarbeit von Lehrerinnen, Lehrern, Eltern, Ärztinnen, Ärzten, Therapeutinnen und Therapeuten

Die bisherigen Erläuterungen haben bereits gezeigt, daß eine Epilepsie kein rein medizinisches »Problem« darstellt. Historisch-gesellschaftliche, psychosoziale, pädagogische und medizinische Aspekte sind eng miteinander verbunden, weit mehr als bei vielen anderen Krankheiten. Leider bestehen zwischen Ärztinnen und Ärzten, Psychologinnen und Psychologen und Pädagoginnen und Pädagogen oft Anerkennungs- und Kompetenzkonflikte, die eine Zusammenarbeit erschweren oder sogar unmöglich machen. Allerdings ist der Versuch, so PUCKHABER *»(...) die Behandlung der Epilepsie auf die eigene Berufsgruppe zu beschränken (...) bei einem so komplexen Krankheitsbild von vorne herein zum Scheitern verurteilt. Die Behandlungsgeschichte dieser Krankheit ist voller Folgen solchen einseitigen Standpunktes. Beispielhaft dafür sind Psychotherapien, in deren Verlauf erst nach Monaten festgestellt wird, daß das angeblich lerngestörte Kind lediglich aufgrund seiner nicht registrierten Kurzsichtigkeit oder Schwerhörigkeit geringere Leistungen erbringt.«*[103]
Lehrerinnen und Lehrer können nur dann flexibel auf die Bedürfnisse der Kinder reagieren, wenn sie informiert sind. Natürlich müssen nicht immer nur die Eltern des Kindes mit der Lehrerin/dem Lehrer sprechen. Ein Kind, das eigenverantwortlich mit seiner Krankheit umgeht, wird das Gespräch selbst suchen.
Mangelhafte Zusammenarbeit kann sich negativ auswirken. Die behandelnde Ärztin eines Kindes stellt z. B. die Medikamente eines Schülers um. Seine Lehrerin beobachtet bei ihm plötzlich auftretende Aufmerksamkeitsstörungen oder eine gravierende Verlangsamung, teilt dies aber niemandem mit. Das Informationsdefizit liegt hier auf beiden Seiten. Die Ärztin bzw. die Eltern hätten die Lehrerin über die Medikamentenumstellung informieren, und die Lehrerin hätte auf ihre Beobachtungen aufmerksam machen müssen. Für die behandelnde Ärztin sind in diesem Fall die Informationen der Lehrerin von großer Wichtigkeit, um das Kind medikamentös optimal einzustellen. Auf der anderen Seite könnte die Lehrerin mit der »Verhaltensauffälligkeit« des Kindes besser umgehen und sie richtig deuten, wenn sie ihre Ursache kennte.
Auf einem Elternabend in der Selbsthilfegruppe äußerten verschiedene Mütter auf meine Frage hin, welche Erwartungen sie an die Lehrerinnen und Lehrer ihrer Kinder hätten, vor allem den Wunsch nach einem besse-

[103] PUCKHABER 1994, S.143

ren und intensiveren Austausch, und das nicht nur über das »Mitteilungsheft«. Spätestens dann, wenn bei einem Kind Schulschwierigkeiten auftreten, müssen sich Lehrerinnen und Lehrer, Eltern, evtl. Einzelfallhelfer, Psychotherapeutinnen und die behandelnden Ärzte regelmäßig über das Kind austauschen.

Wenn Eltern eine Zusammenarbeit mit den Lehrerinnen und Lehrern ablehnen, kann dies an schlechten Erfahrungen liegen. Die SVEEK rät Lehrerinnen und Lehrern in diesem Fall: »*Suchen Sie trotzdem immer wieder das Gespräch mit den Eltern und setzen Sie sich für die Bedürfnisse des Kindes ein. Das heißt (unter Umständen auch) (...) die Initiative für Abklärungen beim Schularzt, beim Schulpsychologischen Dienst oder bei der Erziehungsberatung ergreifen zu müssen. Im Schulgesetz ist festgehalten, welche Rechtsgrundlagen zu beachten sind.*«[104]

8.5. Vorsichtsmaßnahmen und Aufsichtspflicht

Die notwendigen Vorsichtsmaßnahmen im Alltag eines anfallskranken Kindes habe ich in Kapitel 5.8 dargestellt. Sie gelten grundsätzlich auch für den Schulalltag. Für jedes Kind müssen Eltern, Lehrerinnen und Lehrer und gegebenenfalls Ärztinnen und Ärzte aber zusätzlich gemeinsam individuelle Absprachen treffen:
- leidet ein Kind unter häufigen Grand mal Anfällen, sollten die Lehrerinnen und Lehrer in der Pausenaufsicht besonders auf das Kind achten;
- bei Kindern mit einer photosensiblen Epilepsie sollten Lehrerinnen und Lehrer beim Filmschauen und evtl. auch bei Versuchen mit Lichtreizen auf die notwendigen Vorsichtsmaßnahmen achten (vgl. Kapitel 3.2);
- in der Schule sollten immer Notfallmedikamente bereitliegen;
- auf Klassenfahrten sollten die Lehrerinnen und Lehrer den Kindern bei der regelmäßigen Medikamenteneinnahme helfen, je nach Alter des Kindes die Medikamente auch in Aufbewahrung haben;
- das anfallskranke Kind sollte bei Klassenfahrten wenn möglich nicht im oberen Etagenbett schlafen;
- auf Klassenfahrten sollte das anfallskranke Kind soweit wie möglich einen regelmäßigen Schlaf-Wach-Rhythmus einhalten;
- in der Klasse sollten eine Matratze oder ein Sofa vorhanden sein, auf dem sich das Kind nach einem Anfall ausruhen kann;
- Lehrerinnen und Lehrer sollten die Telefonnummer der Eltern, evtl. auch der Ärztin bzw. des Arztes schnell zur Hand haben;

---

[104] SVEEK 1995, S.61

– evtl. sind bei der Verkehrserziehung/Fahrradprüfung besondere Vorsichtsmaßnahmen zu treffen;
– in der Schule sollten evtl. Ersatzkleider für das anfallskranke Kind
aufbewahrt werden.

Es ist sinnvoll, in der Schule ein »*Persönliches Informationsblatt*« über
Kinder und Jugendliche mit einer Epilepsie anzulegen.[105] Es kann eine
Hilfestellung für notwendige Vorsichtsmaßnahmen bieten und als Leitfaden für ein klärendes Gespräch zwischen Lehrerinnen und Eltern dienen. Es sollte Angaben über Art und Ablauf der Anfälle, eventuelle Vor-
zeichen, Häufigkeit und notwendige Vorsichtsmaßnahmen enthalten. Weiterhin sind Informationen über Medikamente, Therapien, eventuell notwendige Vorsichtsmaßnahmen oder Einschränkungen im Sport, beim
Werken, auf dem Schulweg u. ä. wichtig. Auch wichtige Adressen und
Telefonnummern sollte das Informationsblatt enthalten. Lehrerinnen, Lehrer und Eltern sollten das Blatt gemeinsam ausfüllen und regelmäßig neu
überdenken. Ein solches Informationsblatt muß natürlich streng vertrau-
lich behandelt werden.[106]

Was die Aufsichtspflicht betrifft, enthält ein Merkblatt zu »Schule und
Epilepsie« folgende Informationen: »*Aufsichtspersonen haften nur bei
Vorsatz oder Fahrlässigkeit. Es ist nicht möglich, ein anfallskrankes Kind
auf Schritt und Tritt zu beaufsichtigen. Hierunter würde auch die Erziehung zur Selbständigkeit leiden. Ihre Verantwortung liegt nicht darin,
jedes Risiko von dem Schüler fernzuhalten. Ihre Verantwortung liegt in
der Zuwendung zum Schüler, der Ihre Hilfe braucht!*«[107]
Lehrerinnen und Lehrer haben für Kinder mit einer Epilepsie dieselbe
Aufsichtspflicht wie für andere Schülerinnen und Schüler. In den meisten Bundesländern fehlen zur Aufsichtspflicht zusammenfassende und
abschließende Vorschriften. Grundsätzlich gilt, daß die Aufsicht in der
Schule »*kontinuierlich*«, »*präventiv*« und »*aktiv*« sein muß.[108] »*Kontinuierlich*« heißt, daß die Schülerinnen und Schüler sich jederzeit beaufsichtigt fühlen sollen. Sie dürfen nie den Eindruck gewinnen, daß sie die
Beobachtung der Lehrerinnen und Lehrer für eine gewisse Zeit ganz aus-
schließen können. »*Präventive*« Aufsicht bedeutet, daß eine Lehrerin/
ein Lehrer bemüht sein muß, typische Gefahren im voraus zu erkennen
und auszuschließen. Und wenn die Aufsicht »*aktiv*« durchgeführt wer-

---

[105] vgl. *Persönliches Informationsblatt* in: SVEEK 1995
[106] *Persönliche Informationsblätter* können bei der SVEEK-Geschäftsstelle, Wadhofstraße
21, 6314 Unterägeri in der Schweiz bezogen werden.
[107] Interessengemeinschaft Epilepsie Niedersachsen (Hrsg.): Merkblatt für die Schule. Jahr
unbekannt
[108] Meine Ausführungen über die Aufsichtspflicht in der Schule basieren weitgehend auf KRZY-
WECK u. TEICHE 1996, S.6ff.

den soll, bedeutet dies, daß sie sich nicht auf Hinweise und Belehrungen beschränken darf, sondern daß sie das Verhalten der Schülerinnen und Schüler kontrollieren soll, und daß Lehrerinnen und Lehrer bei absehbarem Fehlverhalten eingreifen sollen. *»Dennoch: Nur das dem jeweiligen Lehrer in der konkreten Situation Mögliche und Zumutbare kann ihm abverlangt werden.«*[109] Ebenso wenig wie für Eltern ist für Lehrerinnen und Lehrer Überängstlichkeit im Umgang mit anfallskranken Kindern ratsam. Sebastians Lehrerin erzählte, daß sie nie besonders ängstlich gewesen sei. Ihre Kolleginnen und sie hätten immer auf die nötigen Vorsichtsmaßnahmen geachtet. Sie hätten aber auch gewußt, daß sie Sebastian viel zutrauen konnten und hätten ihn deswegen auch bewußt nicht einschränken wollen. Der Hinweis, daß die Lehrerinnen dem Schüler viel zutrauen konnten, halte ich für sehr wichtig. Ein Kind muß erfahren können, daß die Lehrerinnen und Lehrer ihm vertrauen, und daß es einen Großteil der Verantwortung für sich selbst übernehmen kann.

8.6 Erste Hilfe im Anfall

Lehrerinnen und Lehrer müssen in der Lage sein, bei einem epileptischen Anfall Erste Hilfe zu leisten. Neben den allgemein geltenden Erste-Hilfe-Maßnahmen, sollen sie vor allem auch die individuellen Bedürfnisse des Kindes kennen. Der Austausch mit den Eltern, evtl. auch der Ärztin/ dem Arzt ist unbedingt nötig. Die wichtigsten Aspekte sollten auf einem *»Persönlichen Informationsblatt«* vermerkt werden.

8.6.1 Erste Hilfe bei einem Grand mal

Ein Grand mal verläuft gewöhnlich immer gleich (vgl. Kapitel 2.3.1). Normalerweise ist es nicht notwendig, sofort einen Krankenwagen oder eine Ärztin/einen Arzt zu rufen, es sei denn, die Eltern des Kindes wünschen dies ausdrücklich. Mütter betroffener Kinder betonten auf Elternabenden, daß es eine zusätzliche Belastung sei, und daß sie es nicht akzeptieren könnten, ihr Kind nach jedem Anfall im Krankenhaus abholen zu müssen. Außerdem bedeutete dies auch für die Kinder selbst eine große psychische Belastung.[110]

---

[109] KRZYWECK 1996, S.7; auf weitere Ausführungen über die allgemeine Aufsichtspflicht verzichte ich an dieser Stelle. Genaueres dazu siehe: KRZYWECK u. TEICHE 1996
[110] vgl. auch HEINEN 1996, S.74

Dauert ein Anfall länger als fünf Minuten (ohne postikale Phase, d. h. die Zeit unmittelbar nach dem Anfall), und ist das Kind blau im Gesicht, sollte allerdings ärztliche Hilfe gerufen werden. Dies ist auch dann notwendig, wenn das Kind nach dem Anfall nicht wieder richtig anfängt zu atmen. Wenn sich ein großer Anfall im Abstand von weniger als einer Stunde wiederholt, muß ebenfalls dringend eine Ärztin/ein Arzt gerufen werden. Treten mehrere große Anfälle hintereinander auf, droht ein Status epilepticus. Dieser kann lebensgefährlich sein und ist ein medizinischer Notfall (vgl. auch Kapitel 3.3.3).

Wie muß man sich bei einem Grand mal verhalten?[111]
Kennen Lehrerinnen und Lehrer die Anfälle eines Kindes bereits gut, oder haben sie die entsprechende Informationen von den Eltern, sollten sie so schnell wie möglich versuchen, das Kind möglichst weich hinzulegen, um die Gefahr einer Verletzung beim Sturz zu verringern. Weiterhin gilt:
- auf jeden Fall Ruhe bewahren und auf die Dauer des Anfalls achten;
- um das bewußtlose Kind herum Platz frei schaffen und Gegenstände beseitigen, an denen sich das Kind verletzen könnte;
- das Kind aus der Gefahrenzone ziehen (z. B. von der Straße, aus der Nähe des Heizkörpers usw.);
- unter den Kopf des Kindes etwas Weiches legen und Kleidungsstücke am Hals lösen, z. B. Schal lockern, Hemdknöpfe öffnen, und eine Brille absetzen;
- wenn das Kind nicht mehr zuckt, in die stabile Seitenlage bringen, dabei den Kopf zur Seite drehen, damit der Speichel aus dem Mund laufen kann und die Gefahr des Verschluckens oder eines Verlegens der Atemwege vermieden wird;
- Anfallsdauer und -ablauf genau beobachten; dauert der Anfall länger als drei Minuten und ist vor allem die Neigung zu einem status epilepticus bekannt, sollte versucht werden, den Anfall mit einem Notfallmedikament (Rektiole) zu beenden;[112]
- es sollte immer mindestens eine Person bei dem Kind bleiben, bis es wieder ganz wach ist.

---

[111] In den folgenden Ausführungen des Kapitels stütze ich mich vor allem auf RIED 1994, S.147-156
[112] Möglicherweise kann die Verabreichung einer Rektiole zu Schwierigkeiten führen, wenn sich z. B. männliche Lehrpersonen weigern sie Schülerinnen zu verabreichen, oder wenn eine Schülerin sich bewußt dagegen ausspricht, daß ihr eine männliche Lehrperson die Rektiole verabreicht usw. Im Notfall darf allerdings nie lange gezögert werden. Persönliche Grenzen von Schülerinnen und Schülern und auch Lehrerinnen und Lehrern sollten aber grundsätzlich beachtet, und auf Auffälligkeiten sollte geachtet werden.

Was sollte man bei einem Grand mal auf keinen Fall tun?
- die Lage des Kindes möglichst nicht verändern;
- das Kind nicht aufrichten;
- auf keinen Fall versuchen, die Krampferscheinungen des Kindes zu unterdrücken (z. B. Fäuste öffnen, zuckende Arme oder Beine festhalten);
- nie versuchen, dem Kind einen festen Gegenstand zwischen die Zähne zu schieben;
- dem Kind kein Essen und Trinken geben;
- nicht versuchen, durch Klopfen, Schütteln, Anschreien, Riechmittel o. ä. den Anfall zu unterbrechen.

Die postikale Phase eines Anfalls verläuft sehr unterschiedlich, bei jeder/ jedem einzelnen jedoch meist sehr ähnlich. Viele Betroffene fallen nach einem Anfall in einen Tiefschlaf. Nur am Anfang sollten die Lehrerinnen und Lehrer ein Kind einmal kurz wecken, um sich davon zu überzeugen, daß es weckbar und ansprechbar ist. Den Nachschlaf sollte man einem Kind immer ermöglichen. Es ist nicht sinnvoll, es dazu in ein anderes Zimmer »abzuschieben«. Der Klassenraum sollte so eingerichtet sein, daß sich das Kind im Klassenraum hinlegen kann. Es ist wichtig, so lange bei dem Kind zu bleiben, bis es seine volle Orientierung zurückgewonnen hat.

Einige anfallskranke Menschen geraten nach einem Anfall auch in einen Erregungszustand, in dem sie unkontrollierte Handlungen und Bewegungen ausführen und unruhig hin- und herlaufen. In diesem Fall sollte man die Person nicht mit Gewalt festhalten, aber in ihrer Nähe bleiben, um eingreifen zu können, wenn Verletzungsgefahr droht. Einige Kinder können nach einem Anfall wieder normal weiterarbeiten, andere hingegen haben starke Kopfschmerzen, Konzentrationsschwierigkeiten, verspüren große Müdigkeit und sind für mehrere Stunden nicht »leistungsfähig«.[113] Nach jedem Anfall sollten Lehrerinnen und Lehrer Anfallszeit und -dauer, den Anfallsverlauf, die Situation vor dem Anfall und besondere Vorkommnisse in einem Anfallskalender vermerken.

---

[113] vgl. Interview I, im Anhang

8.6.2 Ist Erste Hilfe bei Absencen und komplex fokalen Anfällen nötig?

Eine *Absence* sowie ein komplex fokaler Anfall gehen mit einem Bewußtseinsverlust einher (vgl. Kapitel 3.3.1 und 3.3.2). Bei diesen Anfallsformen können Schülerinnen und Schüler ihre Handlungen zeitweise nicht kontrollieren.

Eine *Absence* dauert gewöhnlich nur einige Sekunden, das Kind ist anschließend wieder voll bei Bewußtsein. In diesem Fall ist keinerlei Hilfe nötig. Bemerkt die Lehrerin/der Lehrer eine Absence, sollte sie/er das Kind im Blick behalten und darauf achten, daß es sich nicht verletzt (z. B. mit einer Schere, am Turngerät o. ä.). Wenn die Absence ungewöhnlich lange andauert, sollte das Kind zu seinem Arzt oder auch ins nächste Krankenhaus gebracht werden. Es besteht nämlich die Gefahr, daß es mehrere Absencen hintereinander hat und sich in einem Absence-Status befindet. Dieser ist nicht lebensgefährlich, sollte aber in jedem Fall medikamentös unterbrochen werden.

Komplex fokale Anfälle dauern gewöhnlich länger als eine Absence. Bei dieser Anfallsform sollte man ebenfalls den Verlauf und die Dauer genau beobachten. Eine Lehrerin/ein Lehrer sollte nur dann eingreifen, wenn dem Kind Verletzungsgefahr droht. Komplex fokale Anfälle hören nicht abrupt auf. Betroffene können bis zu einer halben Stunde danach verwirrt sein und sind auf Hilfe angewiesen. Dauert der Anfall länger als eine halbe Stunde, und droht er in einen Status (psychomotricus) überzugehen, sollte die Lehrerin/der Lehrer ihn medikamentös mit einer Rektiole unterbrechen. Eine vorherige Beratung mit der Ärztin bzw. dem Arzt ist allerdings sinnvoll. »*Wichtig bleibt wie immer die sorgfältige Anfallsbeobachtung. Sie hilft entscheidend bei der Diagnose und ist für die frühzeitige Einleitung der richtigen Therapie wichtig. Auf jeden Fall nützt sie (...) mehr als blinder Aktionismus.*«[114]

---

[114] Ried 1994, S.151

9. Innere Differenzierung im Unterricht

Eine Klasse ist in ihrem Lerntempo und in ihren Leistungen nie homogen. Es besteht die doppelte Gefahr, daß schwächere Kinder »auf der Strecke« bleiben, da sie überfordert sind, und daß gute Schülerinnen und Schüler sich langweilen, da sie unterfordert sind. Die Innere Differenzierung, d. h. eine Differenzierung der Lernziele und Lernwege ermöglicht es, der Individualität aller Schülerinnen und Schüler gleichermaßen gerecht zu werden. Auch Kindern mit einer Epilepsie, die in ihrem Lernen dauerhaft oder zeitweilig beeinträchtigt sind, kommt die Innere Differenzierung im Unterricht zugute. In vielen Regelklassen unterrichten Lehrerinnen und Lehrer noch zu selten oder auch gar nicht binnendifferenziert.[115] In Integrationsklassen und für die integrative Pädagogik aber ist die Binnendifferenzierung eine Grundvoraussetzung des Unterrichts. Da Binnendifferenzierung aber auch für den Unterricht in Regelklassen sinnvoll und notwendig ist, und gerade für Kinder mit einer Epilepsie große Vorteile bietet, werde ich im folgenden die Grundprinzipien und Ziele darstellen.

9.1 Ziele und Grundprinzipien

Ziel der Inneren Differenzierung im Unterricht ist es, alle Schülerinnen und Schüler optimal zu fördern und zwar unter Berücksichtigung ihrer individuellen Lernvoraussetzungen und Entwicklungs- und Leistungsmöglichkeiten, ihrer Vorerfahrungen, Interessen, Kenntnisse, sowie ihrer Fähigkeiten und Fertigkeiten. Der binnendifferenzierte Unterricht strebt ein Lernen an, das von den momentanen Handlungskompetenzen der Schülerinnen und Schüler ausgeht und auf die »Zone der nächsten Entwicklung« ausgerichtet ist. Dies ist vor allem für benachteiligte Schülerinnen und Schüler wichtig, damit sie im Unterricht zu ihrem Recht kommen. Aber auch die leistungsstarken Schülerinnen und Schüler kön-

---

[115] Der Begriff »Binnendifffernzierung« ist gleichbedeutend mit »Innerer Differenzierung«.

nen so gefördert werden. Eine Innere Differenzierung im Unterricht soll
also Chancengleichheit ermöglichen und die Über- und Unterforderun-
gen und deren negativen Konsequenzen auf die Lernentwicklung verhindern.[116] Weiterhin soll Innere Differenzierung:
- die Selbständigkeit aller Schülerinnen und Schüler fördern: »Das Lernen lehren«, das »Lernen lernen lassen«;
- die Fähigkeit der Schülerinnen und Schüler im sozialen Handeln und
  in ihrer Kooperationsfähigkeit entwickeln;
- die Entwicklung der verschiedenen Persönlichkeitsdimensionen von
  Schülerinnen und Schülern unterstützen und anregen.[117]

Nach KLAFKI und STÖCKER[118] gibt es zwei Grundformen der Innere Differenzierung im Unterricht:
1. die *Differenzierung der Methoden und Medien* bei den gleichen Lern-
   zielen und -inhalten und
2. die *Differenzierung der Lernziele und -inhalte.*

Damit der Unterricht ein gemeinsamer Unterricht der Klasse bleibt, in
dem die Schülerinnen und Schüler miteinander kooperieren, weist FEU-
SER auf die Wichtigkeit eines »gemeinsamen Gegenstands« hin. *»Der
Gemeinsame Gegenstand (...) ist nicht das materiell Faßbare, das letzt-
lich in der Hand des Schülers zum Lerngegenstand wird, sondern der
zentrale Prozeß, der hinter den Dingen und beobachtbaren Erscheinungen steht und sie hervorbringt.«[119]* FEUSER veranschaulicht diesen Gedanken in der Darstellung eines Baumes, dessen Stamm den gemeinsamen
Gegenstand des Lernens (ein gemeinsames Projekt), und dessen Äste die
»Vielfalt der Handlungsmöglichkeiten« mit dem gemeinsamen Gegenstand verdeutlichen. An einer anderen Stelle führt FEUSER aus: *»Je nach
den momentanen Wahrnehmungs-, Denk- und Handlungskompetenzen
eines Schülers kann er [an] einem oder mehreren Ästen entlang lernen,
muß dies aber nicht in jedem Projekt in bezug auf jeden Ast und Zweig
leisten.«[120]* Eine Differenzierung der Inhalte ist demnach nicht mehr notwendig, wenn den unterschiedlichen Entwicklungs-, Denk- und Hand-
lungsniveaus der Schülerinnen und Schüler mit dem *Prinzip der Indivi-
dualisierung* begegnet wird.
Die Grundidee der Inneren Differenzierung steht der einer Äußeren Differenzierung entgegen. Die Äußere Differenzierung versucht im Gegensatz zur Binnendifferenzierung, eine möglichst homogene Lerngruppe

---

[116] vgl. DEMMER-DIECKMANN 1991, S.18f.
[117] vgl. DEMMER-DIECKMANN 1991, S.19
[118] vgl. KLAFKI und STÖCKER in DEMMER-DIECKMANN 1991, S.15
[119] FEUSER 1988, S.177
[120] FEUSER 1989, zitiert nach DEMMER-DIECKMANN 1991, S.31

zu bilden. Die Konsequenzen dieses Ziels sind z. B. das mehrgliedrige Schulsystem, Überweisungen an Sonderschulen, die Idee der Jahrgangsklassen und die Nichtversetzung in eine andere Klassenstufe. Die Äußere Differenzierung schließt eine Innere Differenzierung aber nicht unbedingt aus, denn innerhalb jeder Form Äußerer Differenzierung ist Innere Differenzierung möglich.

Die Öffnung des Unterrichts und gleichzeitig die Loslösung vom Frontalunterricht als Hauptunterrichtsform ist Grundvoraussetzung für die Umsetzung Innerer Differenzierung. Unterrichtskonzepte wie die *Freie Arbeit*, der *Angebotsunterricht* oder das *Lernen an Stationen* bieten sich hierfür an. Auch individuelle *Wochenpläne* können Binnendifferenzierung ermöglichen.

Lehrerinnen und Lehrer müssen akzeptieren, daß nicht alle Kinder zur selben Zeit dasselbe lernen können und müssen. Sie müssen sich außerdem mit einer neuen Lehrerinnen- bzw. Lehrerrolle vertraut machen. Sie sind nicht mehr diejenigen die immer »vorne stehen«, Wissen vermitteln und sagen, wo es langgeht. In geöffneten Lernsituationen bereiten Lehrerinnen und Lehrer für die Kinder eine geeignete Lernumgebung vor und beobachten und begleiten Schülerinnen und Schüler auf ihren Lernwegen.

9.2 Vorteile der Inneren Differenzierung für anfallskranke Kinder

Wie bereits erläutert, haben einige Kinder mit der Diagnose Epilepsie zeitweilig oder auch dauerhaft Probleme beim Lernen. Diese können bei den einzelnen Kindern jedoch sehr unterschiedlich aussehen. »Epilepsiespezifische« Probleme bei allen betroffenen Kindern gibt es nicht. Aufgrund der Vielseitigkeit der Erkrankung, der Individualität der Kinder, ihrer sozialen Umgebung usw. entwickelt sich jedes anfallskranke Kind unterschiedlich und hat dementsprechend andere Lernvoraussetzungen. Aus den individuellen Problemen ergeben sich besondere Bedürfnisse, oder anders betrachtet: aus den Bedürfnissen entwickeln sich die Probleme, wenn sie nicht berücksichtigt werden. Anfallskranke Kinder haben häufig das Bedürfnis nach:
– einem langsameren und individuellen Lerntempo;
– der Wiederholung des Gegenstands aufgrund von Bewußtseinspausen;
– der Wiederholung des Gegenstands aufgrund von Fehlzeiten;
– der Möglichkeit zur Entspannung, z. B. vor oder nach einem Anfall;
– schriftlichem Unterrichtsmaterial bei kurzen Bewußtseinspausen;
– regelmäßigen und kurzen Pausen bei Konzentrationsschwierigkeiten;

- einer individuellen Unterstützung von Mitschülerinnen und Mitschülern und/oder Lehrerin;
- mehr Zeit beim Schreiben aufgrund motorischer Störungen.[121]

Ein binnendifferenzierter Unterricht bietet geeignete Möglichkeiten, auf diese Bedürfnisse einzugehen und der Entstehung von Problemen vorzubeugen. Ein Kind mit häufig auftretenden Absencen z. B. ist in einem Unterricht, der überwiegend frontal gestaltet wird, eindeutig benachteiligt. Durch die kurzen Bewußtseinspausen verpaßt es häufig wichtige Informationen. In einem Unterricht hingegen, in dem es sein eigenes Lerntempo und seine eigenen Lernwege bestimmen kann, schränken die kurzen Bewußtseinspausen das Kind in seinem Lernprozeß sehr viel weniger ein. Ähnlich sieht es für ein Kind aus, das z. B. aufgrund der Medikamente Konzentrationsschwierigkeiten hat. Arbeitet dieses in seinem eigenen Rhythmus, kann es sich zu selbstbestimmten Zeitpunkten, kurz entspannen. Entscheidet die Lehrerin oder der Lehrer über einen gemeinsamen Arbeitsrhythmus, hat es diese Möglichkeit nicht.

9.3   Sportunterricht in Klassen mit anfallskranken Kindern

Grundsätzlich gilt, daß Kinder mit einer Epilepsie am Sportunterricht genauso teilnehmen können wie alle anderen Kinder auch. Vor einiger Zeit behauptete man noch, körperliche Anstrengung könne epileptische Anfälle auslösen, und anfallskranke Kinder sollten deswegen generell vom Schulsport befreit werden. Heute sind sich Fachleute jedoch darüber einig, daß Sport die Anfallshäufigkeit nicht vermehrt, und daß das verstärkte Atmen bei sportlicher Betätigung keine Anfälle auslöst. Eltern, Lehrerinnen und Lehrer haben häufig Angst vor einem erhöhten Unfallrisiko und einer erhöhten Verletzungsgefahr für anfallskranke Kinder. Statistische Untersuchungen an Schulen haben jedoch ergeben, daß sich die Unfallhäufigkeit von Kindern mit einer Epilepsie kaum von denen ohne Epilepsie unterscheidet. Ein Unfallrisiko bzw. ein Verletzungsrisiko gib es bei fast jeder Sportart für alle Kinder. Die beim Sport auftretenden Anfälle können meist nur indirekt auf diesen zurückgeführt werden, z. B. auf emotionale Erregung bei einem Wettkampf vor dem Start oder auch beim Schwimmen auf eine glitzernde Wasseroberfläche (bei photosensibler Epilepsie).

---

[121] vgl. LENGERT 1994, S. 258

Auf die Frage, welche Sportarten ein anfallskrankes Kind ausüben kann, gibt es »wieder einmal« keine allgemeingültige Antwort. Statt allgemeiner Verbote oder Gebote muß für jedes Kind individuell überlegt werden, wie und mit welcher Unterstützung es am Sportunterricht teilnehmen kann. Zu beachten sind dabei die Anfallsform, Anfallsfrequenz, Anfallsdauer, der Ablauf des Anfalls und mögliche Nebenwirkungen der antiepileptischen Medikamente, z. B. Konzentrationsstörungen oder Gleichgewichtsstörungen. Hat ein Kind zusätzliche Beeinträchtigungen, die mit dem »Grundleiden« zusammenhängen, z. B. eine halbseitige Lähmung, muß die Sportlehrerin/der Sportlehrer vor allem diese beachten. Kinder, die seit ein bis zwei Jahren anfallsfrei sind, können an allen sportlichen Aktivitäten uneingeschränkt teilnehmen und müssen keineswegs als »Sonderfall« behandelt werden. *Im Gegenteil, hier gilt es vielmehr, durch Information und Aufklärung Vorurteile abzubauen und nicht durch Begrifflichkeiten ein neues Stigma aufzubauen.«*[122] Für Kinder, die während der Schulzeit an Epilepsie erkranken, empfiehlt RIED: *»Sie sollten während der Diagnostik und der Einleitung einer erfolgreichen Therapie vom Schulsport befreit werden, danach können sie unter Beachtung ihrer Diagnose und Anfallsfrequenz wieder teilnehmen.«*[123]
Bei allen Sportarten sollen die generellen Sicherheitsvorkehrungen besonders gewissenhaft beachtet werden, z. B. das Tragen eines Fahrradhelms oder eine gute Mattensicherung beim Geräteturnen. Kinder, die nicht anfallsfrei sind, können grundsätzlich an Gymnastik, Ballspielen, Leichtathletik, Laufsportarten und Tanzen bedenkenlos teilnehmen. Beim Geräteturnen sollten die Geräte nur auf Brusthöhe eingestellt sein, und für ausreichende Hilfestellung und Absicherung mit Matten muß gesorgt sein. Speziell das Turnen an den Seilen, am Stufenbarren, auf dem Schwebebalken und an Stangen ist für Kinder mit Anfällen nicht ohne Gefahr. Deshalb müssen Lehrerinnen und Lehrer und Schülerinnen und Schüler auf äußerste Vorsicht achten oder gegebenenfalls besser darauf verzichten.
Alle Kinder sollten Schwimmen lernen, auch Kinder mit einer Epilepsie. Sind sie nicht anfallsfrei und treten vermehrt Anfälle auf, muß ein Kind im Wasser 1:1 betreut, oder mindestens sehr gut beobachtet werden. Denn beim Schwimmen sind anfallskranke Kinder besonders gefährdet. Wichtig ist, daß die betreuenden Personen immer im Rettungsschwimmen ausgebildet sind.
Ist ein Kind nicht sicher anfallsfrei, müssen die Eltern bzw. die Klassenlehrerin/der Klassenlehrer die Sportlehrerin/den Sportlehrer unbedingt über die Krankheit des Kindes informieren. Eltern und Klassenlehrerinnen und Klassenlehrer sollten gut zusammenarbeiten, damit das Kind

---

[122] WERLE 1994, S.188
[123] RIED 1994, S.169

möglichst unbeschwert und uneingeschränkt am Sportunterricht teilnehmen kann.

Für nicht anfallsfreie Kinder hängt viel von der Unterstützung der jeweiligen Sportlehrerinnen und Sportlehrer ab. Bieten diese eine ganze Stunde lang ausschließlich Klettern an der Sprossenwand an, kann z. B. ein Kind mit Sturzanfällen nicht teilnehmen. Schon gar nicht dann, wenn das Ziel der Stunde ist, immer ans obere Ende der Sprossenwand zu klettern. Wenn die Sportlehrerin/der Sportlehrer äußerst gewissenhaft die Sicherheitsvorkehrungen und Hilfestellungen beachtet und vor allem binnendifferenziert unterrichtet, können Kinder mit einer Epilepsie am Sportunterricht weitgehend uneingeschränkt teilnehmen. Denn auch im Sportunterricht gilt, daß nicht alle Kinder zur selben Zeit, dasselbe tun und leisten müssen.

Wird ein Kind dort häufig von den Aktivitäten ausgesondert, bekommt es das Gefühl vermittelt »Das kann ich nicht!«. Dies wirkt sich mit Sicherheit negativ auf sein Selbstbewußtsein und Selbstkonzept aus.

Sportunterricht ist für alle Kinder von großer Bedeutung für Körper und Geist. Auch Kinder mit einer Epilepsie können davon profitieren, denn Sportunterricht kann das Selbstwertgefühl stärken, seelische Spannungen abbauen, das innere Gleichgewicht festigen und die Persönlichkeitsentwicklung fördern. Gerade weil Kinder mit einer Epilepsie häufiger als andere ein geringes Selbstwertgefühl und ein negatives Selbstkonzept entwickeln (vgl. Kapitel 5), haben Sportlehrerinnen und Sportlehrer die Chance, ihnen in besonderem Maße zu helfen und ihre soziale Integration zu fördern.

10. Aufklärung über Epilepsie in der Klasse

Sollen die Kinder einer Klasse über die Epilepsie ihrer Mitschülerin bzw. ihres Mitschülers informiert werden? Diese Frage ist nicht eindeutig zu beantworten. Es hängt weitgehend davon ab, ob in der Schule Anfälle auftreten oder nicht. Hat ein Kind gewöhnlich in der Einschlafphase epileptische Anfälle oder ist es seit längerer Zeit anfallsfrei, ist es nicht notwendig, die ganze Klasse über die Krankheit zu informieren. Sie fällt in der Schule ja nicht auf, da z. B. keine besonderen Vorsichtsmaßnahmen oder Regelungen getroffen werden. Die Kinder selbst entscheiden, ob und wem sie von ihrer Krankheit erzählen. In jedem Fall sind die Unterstützung und Stärkung seitens der Eltern und Lehrerinnen und Lehrer wichtig.

Auf die Frage »War die Krankheit Ihres Kindes schon einmal Thema in der Klasse?«[124] antworteten alle Eltern, deren Kinder keine Anfälle in der Schule haben bzw. hatten, daß dies nicht der Fall gewesen sei. »*Nein, da bisher kein Anfall in der Schule aufgetreten ist. Wir hatten beschlossen, erst dann mit den Kindern zu sprechen, wenn wirklich ein Anfall in der Klasse auftreten sollte.*«[125], antwortete z. B. eine Mutter. Eine andere sagte: »*Nein, die Kinder wußten nichts, denn ich hatte Angst, daß er dann gehänselt würde.*«[126] Die zweite Antwort zeigt, daß Eltern Angst vor der Stigmatisierung ihrer Kinder haben.

Treten Anfälle in der Schule auf, ist Aufklärung nötig. Dies sollte unbedingt in Absprache mit den Eltern und dem betroffenen Kind geschehen. Wenn diese Bedenken haben, ist die Überzeugungskraft der Lehrerin/ des Lehrers gefragt.

---

[124] Frage 12 der Fragebögen, im Anhang
[125] Fragebogen 1, im Anhang
[126] Fragebogen 6, im Anhang

10.1 Warum ist die Aufklärung der anderen Kinder wichtig?

Erleben Kinder in einer Klasse unvorbereitet einen Grand mal Anfall mit, werden sie ängstlich, erschrocken, verunsichert oder verstört reagieren. Das ist verständlich, denn das Kind im Anfall ist ihnen mit seinen unkontrollierten Bewegungen, seinem starren Blick und seiner »Abwesenheit« sehr fremd. Die Reaktionen der Kinder können sehr unterschiedlich sein. Sie zeigen Mitleid, Hilflosigkeit, ja sogar Angst, daß dieses Kind stirbt. Nach dem Anfall und der Versorgung des betroffenen Kindes sollte die Lehrerin/der Lehrer die Klasse zuallererst beruhigen und anschließend über das Geschehene reden. Das Miterleben eines großen Anfalls müssen Schülerinnen und Schüler in jedem Fall verarbeiten. Dies geschieht nicht von heute auf morgen, deshalb sollte sich eine Lehrerin/ ein Lehrer auf weitere Fragen der Kinder vorbereiten. Nur auf diesem Wege werden Vorurteile vermieden, die durch Unwissenheit entstehen. Ziel der Aufklärung sollte immer Verständnis und Mitgefühl für das anfallskranke Kind sein. Wenn dieses Ziel erreicht ist, können Kinder verstehen, warum ihre Mitschülerin/ihr Mitschüler z. B. für eine Klassenarbeit eine längere Bearbeitungszeit erhält, oder warum sie/er nicht an allen Übungen im Sportunterricht teilnehmen kann.

Bei einem Anfall können nicht nur Lehrerinnen und Lehrer sondern auch »vorbereitete« Schülerinnen und Schüler helfen, ihre Klassenkameradin/ ihren Klassenkameraden vor möglichen Verletzungen zu schützen und Erste Hilfe zu leisten. Der Bericht einer 12jährigen Schülerin verdeutlicht dies: *»Wir waren auf Klassenfahrt. Plötzlich kriegte Felix wieder einen Anfall. Er schrie, fiel gegen meine Schulter und zuckte. Wir kennen das ja nun schon. Darum haben wir uns nicht weiter aufgeregt, sondern ihn auf dem Gang auf einen Schlafsack gelegt. Gekrampft hat er nur kurz, so fünf Minuten, aber hinterher fast eine Stunde geschlafen und wir mußten immer über ihn steigen. Danach haben Niels, Felix und ich weiter Skat gespielt.«*[127]

Außer den Erste-Hilfe-Maßnahmen können die Schülerinnen und Schüler ein anfallskrankes Kind auch dabei unterstützen, seine eigene Anfallsform genauer kennenzulernen und selbst zu kontrollieren, indem sie das Kind während des Anfalls genau beobachten und mit dem Kind dann über ihrer Beobachtung sprechen. Wichtig ist, daß die Kinder in einer offenen und vertrauensvollen Form miteinander sprechen.[128]

Nach einem Anfall wird das Kind evtl. einige Unterrichtsstunden fehlen. Dann können die anderen Kinder ihm helfen, das Versäumte nachzuho-

---

[127] LENGERT 1994, S.264f.
[128] vgl. auch Exkurs in Kapitel 6

len, z. B. auf Durchschlagpapier mitschreiben, ausgeteilte Arbeitsblätter weitergeben und nach dem Unterricht berichten, was in den Stunden passiert ist. So kann das Kind vor allem bei längeren Fehlzeiten einen besseren Einstieg in den Schulalltag finden. Muß es aufgrund ausgiebiger Untersuchungen längere Zeit im Krankenhaus oder in einem Epilepsiezentrum verbringen, sollte die Klasse regelmäßig Kontakt zu ihm pflegen. Mit Briefen, Anrufen und Besuchen erleichtern sie ihm den Krankenhausaufenthalt und die Rückkehr in die Klassengemeinschaft.[129]
Auch Kinder erleben das Thema Krankheit, sei es bei einem Familienmitglied, sei es bei sich selbst. Unsicherheiten und Ängste entstehen, bis hin zur Angst vor dem Sterben und vor dem Tod. Wenn Kinder in der Schule die Epilepsie eines anderen Kindes erleben, kann dies ein Anlaß sein, sich mit dem Thema generell auseinanderzusetzen. Denn Krankheiten machen Kindern ebenso Angst wie Erwachsenen.

10.2 Wie kann eine Klasse über die Epilepsie eines Kindes aufgeklärt werden?

Es gibt keine allgemeingültigen methodisch-didaktischen Regeln, wie eine Lehrerin/ein Lehrer über das Thema aufklären soll. Deshalb kann ich in diesem Kapitel nur einige Anregungen geben und Möglichkeiten vorstellen. Sie müssen aber für jede Klasse und jedes anfallskranke Kind neu überdacht und individuell gestaltet werden.
Grundsätzlich sollte die Klasse über die Krankheit Epilepsie im allgemeinen und über die spezielle Epilepsieform des Kindes in der Klasse aufgeklärt werden. Wichtige Aspekte sind: Art der Anfälle, Konsequenzen für die Lebensführung, Verhaltensregeln für die Klasse und mögliche Auswirkungen der Krankheit auf den Unterricht. Altersbedingt haben Kinder sehr unterschiedliche Vorstellungen von Krankheiten.[130] Deshalb sollten Lehrerinnen und Lehrer diese Informationen unbedingt altersangemessen vermitteln.[131]
Grundsätzlich ist es sinnvoll, daß sich das betroffene Kind an der Aufklärung in der Klasse aktiv beteiligt. Kinder verstehen die Erklärungen von Gleichaltrigen oft besser als die von Erwachsenen. Noch wichtiger aber ist es, daß es in der Klasse keine Gespräche über das Kind und seine

---

[129] Bei anderen Erkrankungen ist dieser Aspekt gravierender als bei Epilepsie, denn bei einem anfallskranken Kind sind Krankenhausaufenthalte begrenzt. Ein krebskrankes Kind hingegen muß immer mit langen Fehlzeiten in der Schule rechnen.
[130] vgl. PETERMANN 1987, S.43ff.
[131] Das Buch von HEINEN „Bei Tim wird alles anders" (1996) ist ein schönes Beispiel dafür, wie Kindern im Grundschulalter sachliche Informationen über Epilepsie vermittelt werden können (vgl. HEINEN 1996, S.70ff.; vgl. auch Kapitel 10.3).

Krankheit gibt, sondern nur Gespräche mit dem Kind. Gerade weil Kinder mit einer Epilepsie dazu neigen, sich fremdbestimmt zu fühlen, ist es von großer Bedeutung, daß sie die Aufklärung aktiv mitgestalten. Andernfalls entstehen Mißtrauen und Unsicherheit, das Gefühl, keinen Einfluß auf das Geschehen nehmen zu können, das mit ihrer Krankheit zusammenhängt.

Auch die Eltern des anfallskranken Kindes können sich aktiv an der Aufklärung beteiligen. Alle schauen sich z. B. gemeinsam einen Film über Epilepsie an. Anschließend sprechen die Eltern, das Kind und die Klasse über den Film. Sind Kinder an eine offene Unterrichtsform gewöhnt, ist es ganz selbstverständlich, daß die Mutter oder der Vater eines Kindes mit in den Unterricht kommt. Ist die Tür des Klassenzimmers allerdings immer geschlossen, und sind die Kinder nicht an Gäste gewöhnt, kann dem Besuch der Eltern eines epilepsiekranken Kindes mehr Bedeutung zukommen als notwendig.

Es ist auch möglich, eine Ärztin bzw. einen Arzt in den Unterricht einzuladen, gemeinsam eine Arztpraxis zu besuchen oder vielleicht sogar ein Krankenhaus. Dort erleben die Schülerinnen und Schüler mit, wie z. B. ein EEG gemacht wird. Sie erhalten auch Informationen, die über die Krankheit Epilepsie hinausgehen.

Eine Aufklärung über Epilepsie können Lehrerinnen und Lehrer gut in den Unterricht einbetten, und sie muß auch nicht auf einzelne Fächer beschränkt sein. Ein Projekt zu dem Thema »Krankheiten« eignet sich z. B. sehr gut. Schülerinnen und Schüler können sich in Gruppen mit unterschiedlichen Krankheitsbildern beschäftigen, ihre Ergebnisse dokumentieren und den anderen Kindern vorstellen. Eine Gruppe beschäftigt sich mit dem Krankheitsbild Epilepsie. Schülerinnen und Schüler sammeln Sachinformationen dazu und werten sie aus. In höheren Klassen kann Epilepsie z. B. im Zusammenhang mit dem Thema »Gehirn« auftauchen. Schülerinnen und Schüler können z. B. erarbeiten, was bei einem epileptischen Anfall passiert.

Ab einem gewissen Alter können Daten über berühmte anfallskranke Menschen (van Gogh, Cäsar, Dostojewski u. a.) interessant sein. Denkbar sind auch kleine Sketche oder Rollenspiele, um das Thema zu vertiefen. Mit ihrer Hilfe können Kinder Zugang zu fremden Verhaltensweisen gewinnen.

Auch die sozialen Aspekte einer Krankheit dürfen im Unterricht nicht fehlen. Was passiert mit Menschen, die krank oder behindert – einfach »anders« sind? Warum werden sie oft ausgegrenzt? Was kann man dagegen tun? Was sind Vorurteile? Diese und ähnliche Fragen gehören unbedingt dazu.

In einer Integrationsklasse sind die Verschiedenheiten von Kindern, ihre unterschiedlichen Bedürfnisse und Fähigkeiten selbstverständlich. Die meisten Kinder in Integrationsklassen gehen viel natürlicher und unvoreingenommener mit »Schwächen« (von sich und anderen) um, als dies in einer Regelklasse der Fall ist. Deshalb sollten Lehrerinnen und Lehrer einer Regelklasse die Aufklärung über Epilepsie auch als Chance betrachten, Kinder in ihrem sozialen Lernen zu unterstützen und zu fördern.

10.3 Kinderbücher zum Thema Epilepsie

Für das Thema Epilepsie in der Klasse eignen sich auch Kinderbücher, die sich mit der Krankheit auseinandersetzen. Ich stelle in diesem Kapitel zwei Bücher für das Grundschulalter[132] vor: *»Jakob und seine Freunde«* von Willi FÄHRMANN (1993) und *»Bei Tim wird alles anders«* von Gerd HEINEN (1996). Ich habe diese beiden Bücher aus zwei Gründen ausgewählt. Zum einen stellen beide Autoren die Krankheit sehr anschaulich und sensibel dar, und zum anderen nähern sie sich dem Thema auf sehr unterschiedliche Art und Weise. Beide Bücher sind etwa für Kinder ab acht Jahren, also ab der dritten Klasse, geeignet. Zum Vorlesen können sie schon früher verwendet werden. Nach einer kurzen Inhaltsangabe gehe ich jeweils verstärkt auf die Möglichkeit ihres Einsatzes im Unterricht ein.

Für das Grundschulalter gibt es außerdem das Buch *»Peter-guck-in-die-Luft«* von SCHNEBLE (1996), für jüngere Kinder *»Carla. Eine Geschichte über Epilepsie«* von SCHRÖDER (1996), und in höheren Klassen könnte das Thema »Epilepsie« z. B. im Zusammenhang mit Literatur von DO-STOJEWSKI (*»Der Idiot«* 1868/69) oder der Erzählung *»Die Verbündeten«* von SCHNURRE (1958) behandelt werden.

10.3.1 »Jakob und seine Freunde« von Willi FÄHRMANN

Der bekannte Kinderbuchautor erzählt in *»Jakob und seine Freunde«* die Geschichte der jungen Dohle Jakob und ihrer Freunde Marie und Simon. Die beiden Kinder gehen in dieselbe Klasse, leben jedoch in sehr unterschiedlichen Verhältnissen. Über die Dohle Jakob entsteht eine Freundschaft zwischen den beiden Kindern. Gemeinsam erleben sie allerhand Abenteuer mit ihrem Vogelfreund.

Simon ist ein Aussiedlerkind aus Kasachstan. Er hat es nicht leicht in seiner Klasse, denn seine Mitschülerinnen und Mitschüler verspotten ihn oft als »Rußki«. Auch in der Stadt sind »Ausländer« nicht willkommen. Außerdem hat Simon Epilepsie. Das macht das Leben für den Jungen

---

[132] In den Epilepsie-Blättern erschien eine Literaturliste (»Kurzschlüsse? – Epilepsie in Literatur, Kunst und Medizin« (Epilepsie-Blätter 7 (1994), Suppl. 2, S.43ff.). Sie zählt eine Vielzahl von Werken auf, in denen Epilepsie Erwähnung findet.

doppelt schwer. Bei einer Aufführung am Schulfest hat Simon seinen ersten epileptischen Anfall in der Schule, und alle Kinder und Eltern bekommen dies mit: *»Es war als ob Simon die Gitarrentöne gar nicht hörte. Die Gitarrentöne klangen dünn und verloren sich in dem großen Saal. Gerade kam Frau Kück hinter dem Vorhang hervor und wollte Simon gut zureden, da stürzte er plötzlich zu Boden. Er schlug mit Armen und Beinen um sich, und der Rabenschnabel auf seinem Kopf hämmerte auf die Bühnenbretter. Sein ganzer Körper versteifte sich und zuckte. Simons Augäpfel verdrehten sich, und aus seinem Mund quoll ein wenig weißer Schaum. Aufgeschreckt flatterte Jakob über den Köpfen der Kinder hin und her.«*[133]

FÄHRMANN schildert die Folgen des Anfalls: die Konflikte zwischen Simon und seinen Mitschülerinnen und Mitschülern und das Verhalten des Schulleiters, der so sehr mit Vorurteilen über die Krankheit besetzt ist, daß er Simon sogar auf eine Sonderschule überweisen will. Die Lehrerin dagegen zeigt viel Verständnis für Simon und schafft es mit ihrem Einsatz, daß er in der Klasse bleiben kann. Auch Maries Mutter setzt sich für Simon ein und überzeugt dessen Eltern, die die Krankheit als von »Gott gegeben« ansehen, endlich mit ihrem Sohn zu einem Arzt zu gehen. Simon wird geholfen.

Die Krankheit Epilepsie ist ein wichtiger Aspekt in FÄHRMANNS Buch. Sie ist jedoch nicht das Hauptthema. Im Vordergrund der Erzählung stehen eher die Dohle Jakob und die Freundschaft zwischen Marie und Simon. Dennoch erhalten die Leserinnen und Leser einen Eindruck von der Krankheit Epilepsie und von den Probleme, die sich für Simon daraus ergeben.

Im Anhang des Buches finden Kinder außerdem genauere Informationen. Ein Facharzt aus dem Epilepsiezentrum Bethel beantwortet Fragen über Epilepsie. Bedauernswerterweise sind die Antworten für Kinder im Grundschulalter nicht sehr verständlich und anschaulich geschrieben. Wollen Schülerinnen und Schüler mehr über Epilepsie erfahren, so muß die Lehrerin/der Lehrer die Antworten vereinfachen oder zusätzliche Informationsangebote machen.

FÄHRMANN stellt in seinem Buch verschiedene soziale Aspekte anschaulich und eindringlich dar: Simon ist Außenseiter, weil er ein Aussiedlerjunge ist, und weil er eine besondere Krankheit hat. Seine Freundschaft zu Marie hilft ihm.

Meines Erachtens eignet sich das Buch nicht nur als Privatlektüre für Kinder (und Erwachsene) sondern auch für den Unterricht. Gerade weil verschiedene Themenkomplexe angesprochen werden, bietet es sich auch zum Lesen in einer Klasse an, in der kein anfallskrankes Kind ist. Es ist auch möglich, einzelne Kapitel aus dem Buch zu lesen und durch Erzäh-

---

[133] FÄHRMANN 1993, S.57f.

len zu ergänzen. Genügend Zeit und Raum für anschließende Gespräche muß die Lehrerin bzw. der Lehrer unbedingt einplanen. Nur dann bleibt Platz für die persönlichen Gefühle und Erfahrungen der Kinder, »bewegt« sich etwas in den Kindern, und sie werden sensibel für ihr Gegenüber.

10.3.2 »Bei Tim wird alles anders« von Gerd HEINEN

»Ich bin Tim! Meine Freunde nennen mich Timmi. Ich finde das okay. Ich bin neun Jahre alt und ich habe eine Krankheit mit einem Namen, den ich mir nicht merken kann. Diese Krankheit haben sehr viele Menschen, einer von hundert oder schon zehn von tausend! Darüber denke ich manchmal nach, weil ich gerne rechne (...). Ach, das habe ich ja noch gar nicht erzählt, daß man bei dieser Krankheit Anfälle bekommt und daß man zuckt, wenn so ein Anfall kommt, und daß viele Kranke ein Zukken irgendwo und irgendwie anders haben. Manche zucken gar nicht, und trotzdem heißt die Krankheit bei denen genauso (...). Ich finde es gut, daß ich zucke, weil ich sonst Angst hätte, die anderen Kinder könnten mich auslachen. Bei meinen Anfällen kriegen eher alle einen Schreck. Ich habe nämlich so Zucken am ganzen Körper und bin dabei sogar bewußtlos.«[134]

So beginnt das Buch »*Bei Tim wird alles anders*«. Der Autor HEINEN ist Psychotherapeut und arbeitet vorwiegend mit epilepsiekranken Kindern, Jugendlichen und auch Erwachsenen.[135] Erschienen ist sein Buch im Verlag »einfälle« (der gleichnamigen Zeitschrift der Epilepsieselbsthilfe). »*Bei Tim wird alles anders*« ist ein anschauliches und sehr verständliches Aufklärungsbuch über Epilepsie für Kinder. Tim, der Ich-Erzähler, berichtet, wie sich in seinem Leben durch die Erkrankung an Epilepsie plötzlich ganz viel verändert hat: Besuche bei Ärzten und in Krankenhäusern, Streitereien zwischen seinen Eltern, Probleme mit der Klassenlehrerin usw. Hinzu kommen ein Umzug nach Berlin, eine neue Klasse, eine neue Wohnung u.v.a.m. Alles wird anders für Tim. Tims Geschichte geht gut aus. Er lebt sich in Berlin und in seiner Klasse gut ein. Er findet Freunde, und von dem Zeitpunkt an, von dem er Antiepileptika nimmt, hat er auch keine Anfälle mehr. Aber der Weg dorthin, ist für Tim nicht leicht. HEINEN zeigt zahlreiche Probleme auf, die sich durch die Erkrankung (erschwert durch den Umzug) für Tim und seine Eltern ergeben. Im Text weisen Fußnoten auf Anmerkungen im Anhang hin, die den Leserinnen und Lesern weitere Informationen über Tims Krankheit bieten. Im Gegensatz zu den Informationen in FÄHRMANNs Buch sind die bei

---

[134] HEINEN 1996, S.7f.
[135] vgl. auch Exkurs: »Selbstkontrolle bei Kindern mit Epilepsie« in Kapitel 6

HEINEN für Kinder sehr anschaulich und verständlich formuliert. Folgende Anmerkung zu Tims erstem Anfall soll dies verdeutlichen: *»Tim hat einen Anfall bekommen. Sein Gehirn ist jetzt so mit dem Anfall beschäftigt, daß er gar nichts mehr merkt. Erst fand er alles komisch und ihm war schlecht, und irgendwann konnte er nicht mehr zuhören (...). Bei Tim hat der Anfall immer mehr Nervenzellen seines Gehirns beschäftigt, so daß Tim gar nichts mehr machen konnte. Das könnt ihr Euch so vorstellen, als ob eine Gehirnzelle die andere gefragt hat:*

(mit freundlicher Genehmigung Abbildung entnommen aus HEINEN 1996, S.71)

...und dann haben die eine Weile getobt, und als sie dann erschöpft waren, hat der Anfall aufgehört.«[136]

HEINENS Buch ist vor allem ein schönes Buch für Kinder, die selber an Epilepsie erkrankt sind, ein Geschwisterkind oder einen guten Freund haben, der Epilepsie hat. Auch für Schülerinnen und Schüler in einer Klasse mit einem anfallskranken Kind bietet das Buch viele Ansätze. Für Kinder, die keinen direkten Bezug zur Krankheit haben, würde sich als Unterrichtslektüre das Buch *»Jakob und seine Freunde«* besser eignen. Da im Unterricht häufig die Zeit fehlt, ein ganzes Buch gemeinsam zu lesen, können auch einzelne Schülerinnen und Schüler eines der beiden Bücher lesen und anschließend ihren Mitschülerinnen und Mitschülern vorstellen und daraus vorlesen. Beide Bücher sind außerdem für eine Bücherecke im Klassenraum und für die Schulbücherei gut geeignet. Lehrerinnen und Lehrer können sie ihrem Kollegium und Eltern weiterempfehlen, besonders, wenn ein anfallskrankes Kind an die Schule bzw. in

---

[136] HEINEN 1996, S.70f.

die Klasse kommt. Beide Bücher sind ein gelungener Beitrag zur Aufklärung über die Krankheit Epilepsie und lassen sich im Unterricht vielfältig einsetzen.

10.3.3 Eine kurze Geschichte zum Thema Epilepsie

Kurze Geschichten eignen sich für den Unterricht in der Grundschule besonders gut zum Vorlesen oder zur gemeinsamen Lektüre und bieten Grundlage und Impuls für vertiefende Gespräche. Bei meinen Recherchen zu dem Thema Epilepsie in der Kinder- und Jugendbuchliteratur bin ich fast ausschließlich auf Bücher gestoßen, die das Thema aufgreifen. Kurze Geschichten habe ich, abgesehen von einem Text in einem Lesebuch der dritten Klasse, nicht gefunden.[137] Deshalb habe ich versucht, selber eine kurze Geschichte zu schreiben. Einige Ideen dafür habe ich aus den vorgestellten Büchern gewonnen. Soweit mir bekannt ist, haben alle Kinder in den Büchern über Epilepsie Grand mal Anfälle. Damit Epilepsie nicht immer mit Grand mal Anfällen gleichgesetzt wird, habe ich in meiner Geschichte bewußt eine andere Anfallsform (Absencen) gewählt.

---

[137] Arbeitsbuch Lesen 3. Cornelsen Verlag, Bielefeld 1998, S.48f.

Steffen kommt in unsere Klasse

Nach den Sommerferien kam ein neuer Schüler in unsere Klasse. Mit Steffen, so heißt der neue Junge, sind wir jetzt 28 Kinder in der 4a. Weil an meinem Tisch noch ein Platz frei war, setzte sich Steffen neben mich. Ich fand das gut, denn jetzt sitze ich nicht mehr alleine. Steffen ist eigentlich ganz nett. Er spielt klasse Federball und kann toll malen. Das mache ich beides auch sehr gerne. Aber manchmal ist Steffen auch ein bißchen komisch. Am besten erzähle ich, was in der letzten Zeit so alles passiert ist: In Kunst fing es an: Wir malten gerade mit Deckfarben eine Landschaft, da zuckte Steffen ganz plötzlich heftig mit seinem Arm. Dabei schüttete er meinen Malbecher um. Mein Bild stand richtig unter Wasser, alles war verschmiert. Ich war schrecklich sauer, denn das Bild war mir heute besonders gut gelungen. Ich schrie Steffen an und beschimpfte ihn ziemlich. Da sagte er doch tatsächlich:»Dafür kann ich nichts.« Also, das nahm ich ihm wirklich nicht ab. Im Gegenteil, ich wurde noch wütender auf ihn. Steffen ist auch manchmal seltsam, wenn man ihn anspricht. Er hört es oft gar nicht und gibt keine Antwort. Dann schreie ich ihn an, aber das hilft auch nicht richtig. Ich dachte schon mal, er hätte vielleicht etwas an den Ohren. Einige in unserer Klasse waren richtig gemein zu Steffen. Sie lachten über ihn und machten dumme Witze. Sie ließen ihn in der Pause auch nicht beim Tischtennis und beim Fußball mitspielen. Steffen war in der Pause oft ganz alleine. Die anderen merkten gar nicht, was sie ihm damit antaten.

Vivian '11

Unsere Klassenlehrerin Frau Troll war oft ärgerlich über Steffen. Sie sagte häufig zu ihm:»Jetzt hast du schon wieder nicht aufgepaßt. Du guckst einfach an die Decke oder aus dem Fenster und träumst vor dich hin. Was soll denn das?« Einmal meinte sie zu ihm sogar sehr ernst:»Wenn du so weitermachst, dann kannst du das 4. Schuljahr nicht schaffen.«
Danach fing Steffen an zu weinen. Die anderen in der Klasse merkten das gar nicht, nur ich, weil ich ja neben ihm sitze. Er sagte ganz leise vor sich hin:»Ich gebe mir aber doch solche Mühe aufzupassen. Was mache ich nur falsch? Warum ist die Frau Troll so böse mit mir?« Mir tat Steffen leid. Ich legte meinen Arm um seine Schultern und tröstete ihn.
Als es wieder einmal Probleme mit Steffen gab, sagte Martha plötzlich:»Frau Troll, vielleicht kann der Steffen gar nichts dafür, daß er nicht aufpaßt. Bei meinem Bruder ist das ähnlich. Der hat eine Krankheit. Die hat einen ganz komplizierten Namen, den ich mir nie merken kann, irgendwas mit E...Und deshalb ist mein Bruder oft für ganz kurz bewußtlos. Er wird dabei aber nicht richtig ohnmächtig.«
In den nächsten Tagen passierte eine Menge:
Unsere Lehrerin rief am selben Abend noch Marthas Mutter an, um mehr über diese Krankheit zu hören. Marthas Mutter erzählte ihr dann, daß ihr Sohn»Epilepsie« hat. Das ist wirklich ein schwieriger Name. Frau Troll sprach danach gleich mit Steffens Mutter. Und die ging mit ihm am nächsten Morgen zum Arzt. Steffens Mutter war froh, daß Frau Troll sie angesprochen hatte. Sie selber hatte sich auch schon oft über Steffens Verträumtheit geärgert. Sie hatte aber nie daran gedacht, daß eine Krankheit der Grund dafür sein könnte.
Eine Woche lang mußte Steffen ins Krankenhaus. Ich war traurig, weil ich jetzt wieder alleine saß, und ich mußte auch viel an Steffen denken. Frau Troll erklärte uns:»Steffen hat wahrscheinlich so eine ähnliche Krankheit wie Marthas Bruder. Im Krankenhaus untersuchen die Ärzte das jetzt ganz genau.« Ich wartete ungeduldig auf Steffen und war gespannt, was er erzählen würde.
Als er wiederkam, hatte er wirklich eine ganze Menge zu berichten. Die Ärzte hatten mit Steffen viele Untersuchungen gemacht, zum Beispiel ein EEG.»Mit einem EEG kann man auf einem Bildschirm sehen, was im Gehirn alles passiert«, erklärte Steffen.[138]»Das Gehirn ist ganz kompliziert aufgebaut, noch viel komplizierter als das Telefonnetz von Berlin oder New York. Im Gehirn sind viele viele Nervenzellen. Und wenn ich mal nicht aufpassen kann und gar nichts mitkriege, dann ist das so, als würden für ganz kurze Zeit, alle Telefone der Stadt für eine Sekunde lang nicht mehr funktionieren«, so erklärte es uns Steffen. Ich fand das sehr interessant.

---

[138] Im Anhang des Buches ist ein EEG abgebildet, bei dem ein Anfall sichtbar ist.

Ich glaube, einigen bei uns in der Klasse tut es jetzt ein bißchen leid, daß sie Steffen so geärgert haben. Und Martha hat Steffen wirklich geholfen, als sie sich damals traute, über ihren Bruder zu reden. Wer weiß, wie lange Frau Troll und die Kinder aus der Klasse sonst noch so ungerecht zu Steffen gewesen wären.

Steffen muß jetzt morgens und abends immer eine Tablette nehmen, wegen seiner »Epilepsie«, genau wie Marthas Bruder. Er hat jetzt weniger »Absencen«. Das ist auch ein komisches Wort. Es kommt eigentlich aus dem Französischen und bedeutet: »Abwesenheit«. Steffen erzählte uns, daß man das so nennt, wenn er kurz nicht aufpassen kann. Und Steffen ist ja wirklich kurz »abwesend«, kurz nicht dabei. Ganz weg sind diese »Absencen« noch nicht. Vielleicht bleibt das auch noch eine Weile so.

Frau Troll schimpft natürlich nicht mehr mit Steffen, wenn er wegen seiner Epilepsie nicht aufpaßt. Wenn wir im Unterricht zusammen Blödsinn machen, allerdings schon. Auch die anderen Lehrerinnen an der Schule wissen Bescheid. Alle wissen jetzt, warum Steffen manchmal Probleme hat.

Ich helfe Steffen jetzt immer, wenn er im Unterricht mal etwas nicht mitbekommt. Eigentlich kommt die ganze Klasse ganz gut mit ihm aus. Er gehört dazu. Ich bin froh, daß er in unsere Klasse gekommen ist. Wir treffen uns auch öfter nachmittags zum Federballspielen. Steffen spielt wirklich super, fast besser als ich. Ich glaube, er ist mein Freund.

* * *

Eine mir bekannte Lehrerin hat die Geschichte im Religionsunterricht[139] in einer zweiten und vierten Klasse vorgelesen. Sie berichtete mir Folgendes:
Am Ende der Geschichte waren alle Kinder zunächst ganz nachdenklich, und das Gespräch kam nur langsam in Gang. Die zunächst spontanen, ungeordneten Bemerkungen und Fragen betrafen vor allem Steffen, der nichts für sein »Fehlverhalten« konnte, und der ihnen deshalb leid tat. Sie lobten den Ich-Erzähler/die Ich-Erzählerin[140]; Martha und die Lehrerin. Sie alle haben Steffen sehr geholfen und Schlimmeres verhindert. Erst danach interessierten sich die Kinder genauer für die Krankheit, von der noch kein Kind gehört hatte. Die Lehrerin erklärte ihnen etwas über Epilepsie, ohne dabei Angst oder Bedrohung auszulösen. Die Kinder zeigten sich dabei sehr aufgeschlossen und wollten vor allem wissen, wie oft Epilepsie bei Kindern vorkommt, und ob sie geheilt werden kann. Schwerpunkt der Stunden blieben die sozialen Aspekte: die Ausgrenzung Steffens, falsches Verhalten von Mitschülerinnen und Mitschülern, Hilfsbereitschaft, Mitgefühl und Freundschaft. Außenseitertum und Vorurteile im allgemeinen kamen auch zur Sprache. Für alle Kinde war klar: Steffen ist ein ganz »normaler« Junge; er muß nur jeden Tag ein Medikament einnehmen.

---

[139] Für andere Fächer z. B. für Deutsch oder Sachunterricht, aber auch für fächerübergreifenden Unterricht, eignet sich die Geschichte genauso gut.
[140] Die Schülerinnen und Schüler in beiden Klassen waren sich nicht darüber einig, ob es sich bei der Erzählerfigur um ein Mädchen oder einen Jungen handelt. Diese Offenheit ist beabsichtigt. So können sich Mädchen und Jungen mit der Erzählerin/dem Erzähler identifizieren.

11. Schluß

Hauptziel dieses Buches war darzustellen, wie die Schule die Devise »*Epilepsie braucht Offenheit*« verwirklichen, und wie sie optimale Voraussetzungen für das Leben und Lernen anfallskranker Kinder und Jugendlicher schaffen kann. Dafür wurde den Bedürfnissen und Problemen von Kindern und Jugendlichen mit der Diagnose Epilepsie und deren Bedeutung für den Schulalltag nachgegangen.

Da Epilepsien in sehr unterschiedlichen Schweregraden auftreten, und die Epilepsie- bzw. die Anfallsformen sehr verschieden sind, war es nicht möglich, grundsätzliche und allgemeingültige Aussagen über die Bedürfnisse und die Probleme anfallskranker Kinder und Jugendlicher zu treffen. Es gibt keine »*epilepsiespezifischen*« Probleme und schon gar nicht die typischen »*epileptischen*« Kinder und Jugendlichen. Jedes Kind und jeder Jugendlicher ist anders, bringt andere persönliche Voraussetzungen mit, lebt in einem anderen sozialen Umfeld und verarbeitet seine Erkrankung auf unterschiedliche Art und Weise. Dieses Buch konnte verschiedene Aspekte darstellen, aber kein Schema anbieten, das sich auf alle anfallskranken Kinder und Jugendlichen übertragen läßt.

Damit Kinder und Jugendliche mit einer Epilepsie dieselben Bildungschancen erhalten wie alle anderen, und damit ihnen ein Höchstmaß an »Normalität« zukommt, müssen folgende Grundvoraussetzungen erfüllt sein:

– Lehrerinnen und Lehrer müssen erfahren oder sogar selbst erkennen können, daß eine anfallskranke Schülerin/ein anfallskranker Schüler in ihrer Klasse ist. Sie sollten deshalb die notwendigen Grundkenntnisse über die Krankheit besitzen.
– Lehrerinnen und Lehrer haben die Aufgabe, sich bei jedem an Epilepsie erkrankten Kind oder Jugendlichen mit dem individuellen Krankheitsbild und mit der Persönlichkeit des Kindes bzw. des Jugendlichen auseinanderzusetzen, und zwar in Zusammenarbeit mit Eltern, Ärztinnen und Ärzten gegebenenfalls auch mit Psychotherapeutinnen und Psychotherapeuten.
– Es ist unerläßlich, daß Lehrerinnen und Lehrer im Schulalltag, Rücksicht auf mögliche Bedürfnisse anfallskranker Schülerinnen und Schü-

ler nehmen, ohne dabei die anderen Schülerinnen und Schüler zu benachteiligen.
- Lehrerinnen und Lehrer können mit binnendifferenziertem Unterricht die besten Voraussetzungen dafür schaffen, den verschiedenen Leistungskapazitäten aller Schülerinnen und Schüler, auch denen anfallskranker Kinder und Jugendlicher, gerecht zu werden.
- Lehrerinnen und Lehrer sollten Aufklärungsarbeit leisten: im Kollegium, in der Klasse und bei den Eltern. Damit bauen sie Vorurteile ab und fördern die schulische und soziale Integration aller Kinder und Jugendlicher mit einer Epilepsie.

Nur wenn diese Grundvoraussetzungen gegeben sind, können sich Kinder und Jugendliche mit einer Epilepsie in der Schule »normal« entfalten und ein positives Selbstkonzept entwickeln.
Ich möchte an dieser Stelle noch einmal betonen, daß es viele anfallskranke Kinder und Jugendliche gibt, deren Epilepsie in der Schule eine untergeordnete Rolle spielt, und bei denen im Zusammenhang mit der Krankheit keine oder nur unwesentliche Schulschwierigkeiten auftreten. Eine Epilepsie ist nie gleichzusetzen mit Problemen beim Lernen oder auch mit Auffälligkeiten im Verhalten.
Leider finden Epilepsien und andere chronische Erkrankungen in der Lehreraus- und weiterbildung nicht genügend Beachtung. Da aber immer mehr Kinder chronische Krankheiten haben, und diese für viele betroffene Kinder und Jugendliche im Schulalltag und im Lernprozeß bedeutend sind, brauchen Lehrerinnen und Lehrer Kenntnisse über chronische Erkrankungen, deren Belastungen und Anforderungen.
Damit Kinder und Jugendliche mit besonderen Bedürfnissen nicht aus ihrem »normalen« sozialen Umfeld ausgesondert werden, müssen außerdem die Möglichkeiten der schulischen Integration ausgeweitet werden. Darüber hinaus scheint mir wichtig, daß sich auch Lehrerinnen und Lehrer in Regelschulen mit der integrativen Pädagogik vertraut machen, damit Schülerinnen und Schüler mit unterschiedlichen Voraussetzungen auch dort optimal gefördert und nicht an eine Sonderschule überwiesen werden.
Die Schule ist ein wesentlicher Grundstein in unserer Gesellschaft; ihre Schülerinnen und Schüler sind die Erwachsenen von morgen. Wenn sie Kindern und Jugendlichen mit einer Epilepsie offen begegnet und sich für sie einsetzt, kann sich deren Lebenssituation wesentlich verbessern. Solange Kinder und Jugendliche mit einer Epilepsie ausgesondert werden, bleiben ihre Bildungschancen geringer, Vorurteile bleiben bestehen, und anfallskranke Menschen können keinen »vollwertigen Platz« in unserer Gesellschaft einnehmen.
Wenn Lehrerinnen und Lehrer sowie Schülerinnen und Schüler jedoch lernen, die Verschiedenheiten von Menschen zu akzeptieren, Offenheit

und Toleranz für »Schwächere« zu üben, und diese im Alltag praktisch
zu leben, dann verändert sich die Lebenssituation von anfallskranken Kindern und Jugendlichen in der Schule.

Abschließende Bemerkung

Zum Abschluß dieses Buches bedanke ich mich sehr herzlich bei meinen
Interviewpartnerinnen und -partnern und bei allen Eltern, die an meiner
Befragung teilgenommen haben. Mein Dank gilt außerdem den Mitar-
beiterinnen und Mitarbeitern der Selbsthilfegruppe anfallskranker Menschen in Berlin; mit neuester Literatur und vielen Anregungen haben sie
mich immer wieder unterstützt. Vielen Dank sage ich auch den Müttern
und einem Vater der Selbsthilfegruppe, die ich bei den Elternabenden
kennengelernt habe. Ihre Offenheit und Bereitschaft, meine Fragen zu
beantworten, waren für mich sehr hilfreich. Ich durfte miterleben, wie sie
ihre Schwierigkeiten, Sorgen und Ängste, aber auch ihre Fortschritte,
Erfolge und Freuden miteinander teilten und sich dadurch gegenseitig
unterstützen und ermutigten.

12. Literatur

ALDENKAMP, A., ALPHERTS, W., DEKKER, M., OVERWEG, J.: Neuropsychological Aspects of Learning Disabilities in Epilepsy. Epilepsia 31, Suppl. 4. 1990, S.1-60

ANDRESEN, U.: So dumm sind sie doch gar nicht. Von der Würde der Kinder in der Schule. 5. Auflage, Quadriga Verlag, Weinheim und Berlin 1992

ASPERGER, H.: Heilpädagogik. Einführung in die Psychopathologie des Kindes für Ärzte, Lehrer, Psychologen, Richter und Fürsorgerinnen. 2. Auflage, Springer Verlag, Wien 1956

BESSER, R. u. a. (Hrsg.): Epilepsiesyndrome – Therapiestrategien. Georg Thieme Verlag, Stuttgart 1993

BSHG: Bundessozialhilfegesetz vom 15. August 1995. In. Satorius I, Verfassungs- und Verwaltungsrecht der Bundesrepublik. C. H. Becksche Verlagsbuchhandlung, München 1995

CLAUSS, G.: Fachlexikon ABC Psychologie. 5. völlig neu überarbeitete Auflage, Thun Verlag, Frankfurt a. M. 1995

CZERWIONKA, R.; SCHNUCK, L.: Aus dem Schulalltag einer zweiten Klasse. In: Projektgruppe Integration (Hrsg.): Das Fläming Modell. Gemeinsamer Unterricht für behinderte und nicht behinderte Kinder in der Grundschule. Beltz Verlag, Weinheim und Basel 1988, S. 43-59

DEMMER-DIECKMANN, I.: Innere Differenzierung als wesentlicher Aspekt einer integrativen Didaktik: Beispiele aus dem projektorientierten Unterricht einer Integrationsklasse in der Primarstufe. Wissenschaftliches Institut für Schulpraxis, Bremen 1991

Deutsche Liga Gegen Epilepsie (Hrsg.): Die epileptischen Anfallskrankheiten. Ein Leitfaden für Erzieher, Fürsorger, Arbeits- und Berufsberater. Heidelberger Verlagsanstalten GmbH, Heidelberg 1972

DOERMER, L.: Moritz mein Sohn. Goldmann Verlag, München 1990

DOOSE, H.: Epilepsien im Kindes- und Jugendalter. 10. neubearbeitete u. erweiterte Auflage, Destin Arzneimittel GmbH, Flensburg 1995

DOSTOJEWSKI, F. M.: Der Idiot. Deutscher Taschenbuch Verlag, München 1976 (Originalausgabe: Petersburg 1868/96)

EBERWEIN, H. (Hrsg.): Behinderte und Nichtbehinderte lernen gemeinsam. Handbuch der Integrationspädagogik. Beltz Verlag, Weinheim und Basel 1988

EBERWEIN, H.: Lernbehinderung – Faktum oder Konstrukt? In: Zeitschrift für Heilpädagogik 1/97, S.14-22

»einfälle« – Zeitschrift der Epilepsieselbsthilfe: Epilepsien im Kindesalter. Nr.64, 16. Jhg./1997

»einfälle« – Zeitschrift der Epilepsieselbsthilfe: Epilepsie im Schulalltag. Nr.66, 17. Jhg./1998

ENDERMANN, M.: Psychische Auffälligkeiten bei Kindern und Jugendlichen mit Epilepsie. In: PFÄFFLIN, M. (Hrsg.): Anfallskranke Kinder und Jugendliche in Erziehungs- und Schulberatungsstellen: Dokumentation einer Fachtagung in Bethel 1993, Betheler Arbeitstexte 8, Bethel-Verlag, Bielefeld 1994, S.12-21

FÄHRMANN, W.: Jakob und seine Freunde. Arena Verlag, Würzburg 1993

FEUSER, G.: Behinderte Kinder und Jugendliche. Zwischen Integration und Aussonderung. Wissenschaftliche Buchgesellschaft Darmstadt, Darmstadt 1995

FEUSER, G.: Aspekte einer integrativen Didaktik unter Berücksichtigung tätigkeitstheoretischer und entwicklungspsychologischer Erkenntnisse. In: EBERWEIN, H. (Hrsg.): Behinderte und Nichtbehinderte lernen gemeinsam. Handbuch der Integrationspädagogik. Beltz Verlag, Weinheim und Basel 1988, S.170-179

Fernsehkolleg Schulschwierigkeiten und Gesundheitserziehung (Hrsg.): Kranke Kinder in der Schule? Band 4, Verlagsgesellschaft Schulfernsehen, Köln 1982

FISCHBACH, H.: Krankheitsbewältigung und Krankheitsverarbeitung in der Familie. In: PFÄFFLIN, M. (Hrsg.): Anfallskranke Kinder und Jugendliche in Erziehungs- und Schulberatungsstellen. Dokumentation einer Fachtagung in Bethel 1993. Betheler Arbeitstexte 8, Bethel-Verlag, Bielefeld 1993, S.23-29

FLICK, U. (Hrsg.): Handbuch Qualitativer Sozialforschung. Grundlagen, Konzepte, Methoden und Anwendungen. Psychologie Verlags Union, München 1991

FREUDENBERG, D.: Das anfallskranke Kind. Pädagogischer Ratgeber für Eltern. Herausgegeben vom Epilepsiezentrum Kork 1996

GEBELT, H.: Psychische und soziale Prognose der Epilepsie im Kindes- und Jugendalter. Leipzig 1971

GRANT, Michael; HAZEL, J.: Lexikon der antiken Mythen und Gestalten. 11. Auflage, Deutscher Taschenbuch Verlag, München 1995

GRENSEMANN, H.: Die hippokratischen Schrift »Über die heilige Krankheit«. Göschen‹sche Verlagshandlung, Berlin 1968

GOURLEY, R.: Educational Policies. Epilepsia 31, Suppl. 4. 1990, S.59-60

HAAS, G.: Ich bin ja so allein – Kranke Kinder zeichnen und sprechen über ihre Ängste. Ravensburg 1981

HABERMANN-HORSTMEIER, L.: Karin und Max. Geschichten von einem Jungen und seiner geistigbehinderten, epilepsiekranken Schwester. Petaurus Verlag, Saarbrücken 1998

HEHR, W.: Gelernte Hilflosigkeit. In: »einfälle«, Nr. 46/47, 12. Jhg./1992, S.22-23

HEINEN, G.: Bei Tim wird alles anders. Verlag einfälle, Berlin 1996

HENRIKSEN, O.: Education und Epilepsy: Assessment and Remediation. Epilesia 31, Suppl.4. 1990, S.21-24

Herder Bücherei: Die Bibel. Die heilige Schrift des alten und neuen Bundes. 24. Auflage, Herder Verlag, Freiburg im Breisgau 1978

HEYER, P. (u. a.): Zehn Jahre wohnortnahe Integration – behinderte und nichtbehinderte Kinder gemeinsam an der Grundschule – Veröffentlichung des Arbeitskreises Grundschule. Band 1, 1992, Frankfurt a. M. 1993

Interessengemeinschaft Epilepsie Niedersachsen (Hrsg.): Schule und Epilepsie. Ein Merkblatt für Lehrer. Ort und Jahr unbekannt

Informationszentrum Epilepsie (Hrsg.): Package Schule. Bielefeld 1997 (erhältlich beim Informationszentrum Epilepsie (IZE))

JACOBI, G.; MEIERT-EWERT, K. (Hrsg.): Epilepsien im Kindes- und Jugendalter. Therapie und Prognose. Gustav Fischer Verlag, Stuttgart 1991

KASSEBROCK, F.: Psychosoziale Probleme bei Epilepsie. Entwicklungs- und Ablösungskrisen. Mit Falldarstellungen von GEHRMANN-GERLACH, S. (u. a.). Bethel-Beiträge 44, Bethel-Verlag, Bielefeld 1990

KASSEBROCK, F.: Entwicklungskrisen von Kindern und Jugendlichen und jungen Erwachsenen mit Epilepsie. Bewältigungsmöglichkeiten im Schnittpunkt von Elternhaus, Schule und Erziehungsberatung. Erziehungsberatungsstelle des Epilepsie-Zentrums Bethel. Kolumne: Erziehungsberatung, Jahr unbekannt

KOBI, E.: Entwicklung und Erziehung des epilepsiekranken Kindes. In: Mattmüller-Frick, F. (Hrsg.): Das epilepsiekranke Kind. Medizinische Hilfe, Erziehung und Unterricht. Schriftenreihe Erziehung und Unterricht Heft 18, Verlag Paul Haupt, Bern und Stuttgart 1975, S.93-106

KRÄMER, G.: Epilepsie von A-Z: medizinische Fachwörter verstehen. Trias Verlag Stuttgart 1996

KRZYWECK; TEICHE: Das Schulrecht in Berlin für Lehrkräfte und Schulleitung. Vorschriften mit Erläuterungen und Fallbeispielen. Berlin, Rechtsstand vom 1.7.96

LAMPRECHT, I.: Epilepsie – Schule – Beruf. Eine empirische Untersuchung der Einstellung von Lehrern und Lehramtsstudenten zur Epilepsie und zu Epilepsiekranken sowie von Ärzten in bezug auf mögliche Schularten für epliepsiekranke Schüler. Verlag Peter Lang, Frankfurt a. M. 1990

LENGERT, B.: Die falsche Schule.... In »einfälle«, Nr.30, 8. Jhg./1989, S.13

LENGERT, B.: Das anfallskranke Kinde oder: Verstehen – Helfen – Heilen. In: WINKEL, R. (Hrsg.). Schwierige Kinder – Problematische Schüler. Fallberichte aus dem Erziehungs- und Schulalltag. Schneider Verlag Hohengrehen GmbH, Baltmansweiler 1994, S.244-266

LENGERT, B.: »Ich bin seit meiner Geburt integriert...«. In: LILL, G. (Hrsg.): Alle zusammen ist noch lange nicht gemeinsam. Kritischer Rückblick auf 15 Jahre Integration und der Blick nach vorn. FIPP Verlag, Berlin 1996

LENGERT, B.: Nach-Schulische-Integration. In: »einfälle«, Nr.66, 17. Jhg./1998, S.34-36

LIPINSKI, C. G.: Sport und Spiel für Anfallskranke einer Körperbehinderten-Schule. In: RIEDER, H. (Hrsg.): Bewegung, Sport und Epilepsie. Schriftenreihe des Instituts für Sport und Sportwissenschaft der Universität Heidelberg, Band 4, Heidelberg 1994, S.111-119

MATTHES, A.; KRUSE, R.: Der Epilepsiekranke. Ratgeber für den Kranken, seine Familie, für Lehrer, Erzieher und Sozialarbeiter. 4. Auflage, Trias Verlag, Stuttgart 1989

MATTHES, A.; SCHNEBLE, H.: »Unser Kind hat Anfälle!« Epilepsie bei Kindern und was der Arzt dazu meint. Herausgeben vom Epilepsiezentrum Kork 1996

MAYER, H.: Zur Diagnostik von Lernstörungen bei epilepsiekranken Kindern und Jugendlichen. In: einfälle Nr.43, 11. Jhg/1992, S.11-15

MOCH, A.: Anfallsleiden und Schulschwierigkeiten. In: PFÄFFLIN, M. (Hrsg.): Anfallskranke Kinder und Jugendliche in Erziehungs- und Schulberatungsstellen. Dokumentation einer Fachtagung in Bethel 1993. Betheler Arbeitstexte 8, Bethel-Verlag, Bielefeld 1993, S.5-11

PETERMANN, F.: Psychologie chronischer Krankheiten im Kindes- und Jugendalter. Psychologie Verlags Union, München und Weinheim 1987

PETERMANN, F. (Hrsg.): Chronische Krankheiten bei Kindern und Jugendlichen. Quintessenz, München 1994

PETERMANN, F. (Hrsg.) : Lehrbuch der klinischen Kinderpsychologie. Modelle psychischer Störungen im Kindes- und Jugendalter. 2. korrigierte und ergänzte Auflage, Hogrefe Verlag, Göttingen 1996

PFÄFFLIN, M. (Hrsg.): Anfallskranke Kinder und Jugendliche in Erziehungs- und Schulberatungsstellen. Dokumentation einer Fachtagung in Bethel 1993. Betheler Arbeitstexte 8, Bethel-Verlag, Bielefeld 1993

Projektgruppe Integrationsversuch (Hrsg.): Das Fläming Modell. Gemeinsamer Unterricht für behinderte und nichtbehinderte Kinder in der Grundschule. Beltz Verlag, Weinheim und Basel 1988

PUCKHABER, H.: Epilepsie im Kindesalter. Eine interdisziplinäre Aufgabe. Verlag Dietmar Klotz, Eschborn bei Frankfurt. a. M. 1994

RESCH, F.: Entwicklungspsychopathologie des Kindes- und Jugendalters. Ein Lehrbuch. Beltz Psychologie Verlags Union, Weinheim 1996

REUTER, E.: Das anfallskranke Kind in der Schule. Carl Marhold Verlagsbuchhandlung, Berlin 1969

RIED, S.; SCHÜLER, G.: Epilepsie. Vom Anfall bis zur Zusammenarbeit. Blackwell Wissenschaft, Berlin 1994

RIEDER, H. (Hrsg.): Bewegung, Sport und Epilepsie. Schriftenreihe des Instituts für Sport und Sportwissenschaft der Universität Heidelberg, Band 4, Heidelberg 1994

SCHMID-SCHÖNBEIN, Chr.: Lerndefizite bei Epilepsie. Lernen als Therapiemaßnahme. In: einfälle Nr. 43, 11. Jhg./1992, S.6-11

SCHNEBLE, H.: Krankheit der ungezählten Namen: ein Beitrag zur Sozialgeschichte der Epilepsie anhand ihrer Benennung vom Altertum bis zur Gegenwart. Verlag Hans Huber, Bern 1987

SCHNEBLE, H.: Das Eigentor. Oder die Geschichte von Peter-Guck-in-die-Luft. 2. Auflage, Eichner Verlag, 1996

SCHNEBLE, H.: Von »benu« zu »ESES«. Ein eponymischer Streifzug durch 4000 Jahre Epilepsiegeschichte. In: DIA-GM Forum 2/95, S. 117-120

SCHNURRE, W.: Die Verbündeten. In: Als Vaters Bart noch rot war. Ort unbekannt, 1958

SCHÖLER, J.: Integrative Schulen – Integrativer Unterricht. Ratgeber für Eltern und Lehrer. Rohwolt Taschenbuch Verlag, Reinbek bei Hamburg 1993 (vergriffen; Neuauflage vorgesehen (1999-Luchterhand-Verlag, Neuwied)

SCHREINER, A.; POHLMANN-ENDEN, B.: Darf oder soll ein Epilepsiepatient Sport treiben – eine aktuelle Standortbestimmung. In: RIEDER, H.(Hrsg.): Bewegung, Sport und Epilepsie. Schriftenreihe des Instituts für Sport und Sportwissenschaft der Universität Heidelberg, Band 4, Heidelberg 1994, S.23-27

SCHRÖDER, S., KEUTER, E.: Clara. Eine Geschichte über Epilepsie. Ellermann Verlag 1996

SCHULRECHT BERLIN, Ergänzende Sammlung der Vorschriften für Schule und Schulverwaltung. Rechtsstand vom 3.1.97

SCHWAGER H.-J. (u. a.): Pädagogische Probleme und berufliche Chancen bei

Epilepsie. Ein Ratgeber für Erzieher, Sozialarbeiter, Behindertenberater und Ärzte. 2. Auflage, herausgegeben von der Stiftung Michael 1994

SVEEK – Schweizerische Vereinigung der Eltern epilepsiekranker Kinder, (Hrsg.): Epilepsien im Schulalltag. Fragen, Antworten und Informationen. Recom-Verlag, Basel 1995

SEUS, L. (u. a.): Angst vor der Krankheit. In: Fernsehkolleg Schulschwierigkeiten und Gesundheitserziehung (Hrsg.): Kranke Kinder in der Schule? Band 4, Verlagsgesellschaft Schulfernsehen, Köln 1982, S.136-165

SIMCHEN, H.: Das anfallskranke Kind in der Schule. In: Die Sonderschule, 35/1990, S.177-180

SIEMES, H.: Jugendtagebuch Epilepsie. Blackwell-Wissenschaft-Verlag, Berlin, Wien 1997

STEINMEYER, H.-D.; WERNER, Christine: Rechtsfragen bei Epilepsie. 4. Auflage, herausgegeben von der Stiftung Michael, 1994

TAUSCH, R.; TAUSCH, A.-M.: Erziehungs-Psychologie. Begegnung von Person zu Person. 10. ergänzte und überarbeitete Auflage, Hogrefe Verlag, Göttingen 1991

VOLKERS, H.: Anfälle im Kindesalter. Schwerpunkt gutartige Epilepsien. Antworten auf Elternfragen. Gustav Fischer Verlag, Ulm 1998

WERLE, J.: Epilepsie und Sport – Segregation und/oder Intergration. In: RIEDER, H. (Hrsg.): Bewegung, Sport und Epilepsie. Schriftenreihe des Instituts für Sport und Sportwissenschaft der Universität Heidelberg, Band 4, Heidelberg 1994, S.187-190

13. Anhang

1.   Abbildung eines EEGs

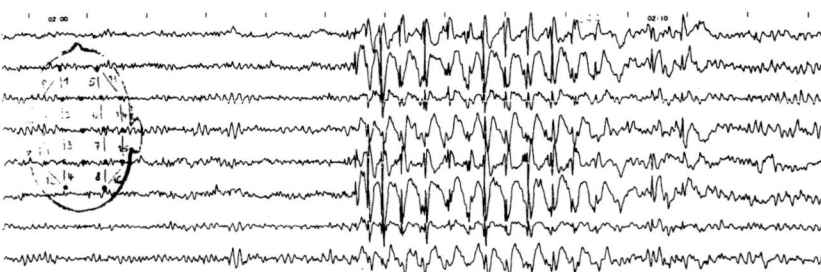

EEG, bei dem ein Anfall sichtbar ist. Mit freundlicher Genehmigung des Epilepsiezentrums der Hoffnungstaler Anstalten Lobetal.

2.   Glossar

Absence: generalisierter Anfall mit meist kurzen Bewußtseinspausen (5-20 sec), manchmal in Verbindung mit Automatismen, Aufwärtsrollen der Augäpfel
Anfallsfrequenz: Häufigkeit der Anfälle
Antikonklusive Medikamente: Medikamente mit hemmender Wirkung auf zentral-nervös bedingte Krämpfe
Antiepileptika: Antikonklusive Medikamente
Aura: Vorboten eines Anfalls (vor allem bei komplex fokalen Anfällen) in Form von Unwohlsein, Verstimmungen, einem »komischen Gefühl« u. ä.
Automatismen: einfache oder komplizierte Bewegungen (Kau-, Schmatz-, Schluckbewegungen) oder Handlungen wie z. B. Nesteln, die ohne Bewußtsein ablaufen
Ätiologie: Gesamtheit aller Faktoren, die zu einer Krankheit führen
BNS-Krämpfe: Abkürzung für Blitz-Nick-Salaam-Krämpfe
Chronische Krankheit: Erkrankung mit einer Erkrankungsdauer von mindestens drei Monaten mit beträchtlichen Auswirkungen auf das psychophysiolog. Wohlbefinden und Angewiesensein auf prof. Hilfe
EEG (Elektroenzephalogramm): Aufzeichnung der elektrischen Aktivität des Gehirns mit Hilfe von Elektroden
Enzephalitis: Entzündung von Gehirngewebe meist durch Virusinfektion, (selten durch Bakterien) kann Ursache für Epilepsie sein
Entzugsanfall: epileptischer Anfall, der bei Alkoholentzug oder auch beim Entzug anderer Drogen auftritt
Disposition: eine angeborene Veranlagung/Bereitschaft, aber keine direkte Vererbung

Fokale Anfälle: Anfälle, bei denen elektr. Entladungen in einem mehr oder weniger begrenzten Areal im Gehirn ausgelöst werden
Fieberkrämpfe: häufigste Form von Gelegenheitsanfällen im frühen Kindesalter, werden durch hohes Fieber ausgelöst
Gelgenheitsanfälle: epileptische Anfälle, die nur bei besonderen Gelegenheiten auftreten (z. B. bei Fieber, Alkoholentzug, Schlafentzug, akuten Stoffwechselstörungen), sind kein Krankheitssymptom für Epilepsie
Generalisierte Anfälle: das ganze Gehirn ist zu Beginn des Anfalls beteiligt, die Entladungen breiten sich gleichmäßig auf das Gehirn aus, mit Bewußtseinsverlust
Grand mal Anfall: (auch tonisch-klonischer Anfall) großer generalisierter Anfall mit tonischer und klonischer Phase
Herd: mehr oder weniger eingegrenztes Areal im Gehirn, in dem eine abnorme Entladung stattfindet → siehe auch fokale Anfälle
Idiopathische Epilepsie: Erkrankung ist ohne bekannte Ursache entstanden
Kleiner Anfall (Petit Mal): Sammelbegriff für alle Anfälle außer dem Grand Mal
Klonische Phase: Phase eines Anfalls meist mit rhythmisch zuckenden Muskelbewegungen
Myoklonsich-astatischer Anfall: Sturzanfall mit anschließenden (beidseitigen) Muskelzuckungen, meist mit Bewußtseinsverlust
Neuropsychologie: Teilgebiet der Neurologie und der Psychologie, versucht funktionellen Zusammenhang zwischen Hirnaktivität und geistigen und psychischen Funktionen herzustellen
Petit mal: kleiner Anfall
Postikale Phase: Phase unmittelbar nach einem Anfall
Prodrome: Vorboten des Anfalls (Verstimmungen, Reizbarkeit, Angst), können dem Anfall Stunden bis Tage vorausgehen → vgl. auch Aura
Psychogener Anfall: nichtepileptischer Anfall mit psychischen Ursachen
Psychomotorischer Anfall: frühere Bezeichnung für einen → komplex fokalen Anfall
Rektiole: krampflösendes Notfallmedikament (meist Diazepam), wird rektal verabreicht, vor allem bei ungewöhnlich lang andauernden Anfällen
Sekundär generalisierter Anfall: Anfall, der fokal eingeleitet wird, und sich dann auf das ganze Gehirn ausbreitet
Status epilepticus: lang andauernder epileptischer Zustand, entsteht entweder durch einen besonders lang anhaltenden Anfall oder als Folge von Anfällen zwischen denen sich der/die Betroffene nicht erholt
Sturzanfälle: myoklonisch-astatische Anfälle
Subklinische Anfälle: kurze Anfallsmuster, die neben Anfällen auftreten können, nur im EEG sichtbar, nicht am Verhalten. Folgen: Abfall der Aufmerksamkeit, Unterbrechung der kognitiven Tätigkeit
Symptomatische Epilepsie: Erkrankung, die an Schädigung des Gehirns

nachweisbar ist (Hirnentwicklungsstörung, Enzephalitis, Sauerstoffmangel, Hirntumor)
Tonische Phase: Phase eines Anfalls mit einer Muskelstarre in Folge einer anhaltenden Muskelanspannung
Tonisch-klonsicher Anfall: Anfall zunächst mit Muskelstarre und anschließenden Muskelzuckungen (→ Grand mal Anfall)

3.   Fragen an Angehörige und Augenzeugen
(Ergänzung zu Kapitel 8.2)

Wirkt das Kind[1] verändert auf Sie, bevor es einen Anfall bekommt?
Woran bemerken Sie jeweils, daß ein Anfall kommt?
Was fällt Ihnen zuerst auf?
Wie sind der Gesichtsausdruck und die Gesichtsfarbe?
Ändert sich der Blick des Kindes: starrer Blick, Augäpfel nach oben oder zur Seite verdreht?
Zucken die Augenlider?
Dreht sich der Kopf zu einer Seite? Wenn ja, zu welcher?
Dreht sich der Kopf langsam oder ruckartig zur Seite?
Dreht sich das Kind nach einer Seite? Wenn ja zu welcher?
Fällt der Kopf plötzlich nach vorne?
Treten Zuckungen am Körper auf?
Kommt es zum Ausstrecken der Arme oder der Arme und Beine?
Beginnt der Anfall mit einem Schrei?
Stürzt das Kind zu Beginn? Fällt es dabei um wie ein Baum, oder sinkt es langsam zu Boden?
Versteifen sich die Extremitäten oder der Rumpf?
In welcher Reihenfolge treten andere Anfallssymptome auf?
Kommt es zu Kau-, Schluck-, Leck- oder Schmatzbewegungen?
Werden nestelnde Bewegungen der Hände wie wischen, reiben, anfassen, streicheln, klopfen beobachtet?
Ist das Kind motorisch sehr unruhig, läuft es z. B. herum?
Werden die Arme, die Beine oder der gesamte Körper steif?
Folgen dem Steifwerden Zuckungen der Arme, der Beine oder des gesamten Körpers? Zeigen diese Zuckungen Seitenbetonung? Wie ist die Frequenz (Anzahl) und Amplitude (Stärke) der Zuckungen?
Überstreckt sich der Körper nach hinten oder beugt er sich nach vorne?
Treten bizarre motorische Bewegungen auf?
Ist die Atmung unregelmäßig?

---

[1] Anstelle der Bezeichnung »Patient« habe ich »Kind« eingefügt, ohne die Veränderung im Text zu vermerken.

Kommt es zu vermehrtem Speichelfluß, eventuell – durch Zungenbiß – mit Blut vermischt?
Verändert sich die Gesichtsfarbe während des Anfalls?
Reagiert das Kind auf Ansprache während des Anfalls?
Wie lange dauert der Anfall?
Wie endet der Anfall – allmähliches Ausklingen oder plötzliches Ende?
Wie verhält sich das Kind nach dem Anfall – müde, großes Schlafbedürfnis, unruhig?
Ist das Kind nach dem Anfall sofort ansprechbar?
Wie lange dauert es, bis das Kind wieder voll orientiert ist?
Laufen die Anfälle in Ihren Augen immer gleich ab?

(Fragen entnommen aus RIED 1993, S. 50f.)

4. Adressenliste

Deutsche Epilepsievereinigung gem. e.V.
und **Redaktion** von »**einfälle**« Zeitschrift der Epilepsie-Selbsthilfe
Zillestraße 102
10585 Berlin
030/3414252

Eltern beraten Eltern von Kindern mit und ohne Behinderung
Grinitzerstraße 18-20
12163 Berlin
030/8216711

Informationszentrum Epilepsie (IZE) und **Internationale Liga gegen Epilepsie**
Herforderstraße 5-7
33602 Bielefeld
Tel. 0521/124117

Selbsthilfegruppe von Anfallskranken e. V.
Klaus Göcke, Renate Schultner
Zillestsraße 102
10585 Berlin
Tel. 030/3414252

Stiftung Michael
Münzkampweg 5
22339 Hamburg
Tel. 040/5388540

5.   Befragungen

Die Interviews und Fragebögen sind keine empirischen Belege für das
vorliegende Buch. Sie sind weder standardisiert noch repräsentativ. Sie
dienen lediglich der Veranschaulichung und als Quellenmaterial. Wie in
der Einleitung schon erwähnt, boten mir die Befragungen einen persönlichen Zugang zu der Problematik »Anfallskranke Kinder und Jugendliche
in der Schule« und ermöglichten mir eine kritische Auseinandersetzung
mit der Literatur. Weiterhin ergaben sich für mich durch die Befragungen,
vor allem durch die Interviews, und die regelmäßigen Besuche der Eltern-
abende in der Selbsthilfegruppe für anfallskranke Menschen in Berlin
neue Fragestellungen und Aspekte für dieses Buch.
Ich habe die Aussagen der Befragungen nicht kommentiert, sie sind sub-
jektiv und stimmen in einigen Punkten nicht mit den Ausführungen meines
Buches überein.

5.1   Interviews

Ich führte insgesamt drei Interviews: zwei mit Müttern, deren Söhne sechs
und neun Jahre alt) eine Epilepsie haben, das andere mit Sebastian Lengert,
einem 21jährigen jungen Mann, der selbst an einer Epilepsie erkrankt
ist.[2] Die Interviewleitfäden mit den beiden *Müttern* enthielten folgende
Themenkomplexe:
- Krankheitsgeschichte des Kindes
- medikamentöse Behandlung und Nebenwirkungen der Antiepileptika
- persönliche Reaktion auf die Diagnose »Epilepsie« und Wünsche bzw.
  Ängste im Zusammenhang mit dem Gedanken: Epilepsie und Schule
- Reaktion und Umgang des Kindes mit der Krankheit
- besondere Bedürfnisse und Probleme der Kinder im Zusammenhang
  mit ihre Epilepsie, vor allem in der Schule
- notwendige Vorsichtsmaßnahmen und Regelungen für den Alltag/
  Schulalltag des Kindes
- Einfluß der Krankheit auf soziale Kontakte/Umfeld des Kindes
- Zusammenarbeit mit der Lehrerin/dem Lehrer des Kindes
- notwendige Veränderungen in Schule und Unterricht für Kinder mit
  einer Epilepsie
- Empfehlungen für andere Eltern anfallskranker Kinder

---

[2] Den Namen nenne ich mit dem Einverständis meines Interviewpartners. Alle anderen Namen
der Befragungen sind anonymisiert.

Grundlage für das Interview mit *Sebastian Lengert* waren folgende Themenkomplexe:
- persönliche Einschätzung, Empfindung und Wahrnehmung der Krankheit, insbesondere der Anfälle
- medikamentöse Behandlung und Nebenwirkungen der Antiepileptika
- Erinnerungen an die Grundschulzeit
- Anfälle in der Schule und die Reaktion der anderen Schülerinnen und Schüler
- notwendige Vorsichtsmaßnahmen und Regelungen für den Alltag/ Schulalltag
- schulische Integration von Kindern mit einer Behinderung
- Aufklärung in der Klasse über Epilepsie
- Empfehlungen für anfallskranke Kinder in der Grundschule und für Eltern betroffener Kinder

Alle Interviews wurden auf Tonband aufgezeichnet und anschließend transkribiert. Bei der Transkription der Datenmaterials habe ich vorsichtige grammatikalische Korrekturen angebracht, um die Verständlichkeit zu verbessern, ohne den Inhalt zu verfälschen. Die Interviews dauerten jeweils etwa 1½ Stunden und fanden in einer angenehmen persönlichen Atmosphäre bei den Interviewpartnerinnen und dem Interviewpartner statt. Als Ergänzung zu dem Interview mit Sebastian Lengert führte ich weiterhin ein ausführliches Gespräch am Telefon mit seiner langjährigen Klassenlehrerin.

Interview I
Sebastian Lengert war zum Zeitpunkt des Interviews 21 Jahre alt und im 2. Jahr seiner Lehre (Kaufmannsberufskommunikation). Er besuchte das Kinderhaus Friedenau, anschließend die Fläming-Grundschule und danach die Sophie-Scholl-Gesamtschule. Dort absolvierte er 1991 den Realschulabschluß (vgl. Kapitel 7.2.2).

Wann bist du an Epilepsie erkrankt?
Ich habe seit meiner Geburt Epilepsie. Ich lebe damit seit über zwanzig Jahren. Die Krankheit kann aber auch im Nachhinein auftreten. Ein Nachbar ist Auto gefahren, hat gemerkt daß er Zuckungen bekommen hat. Er ist an die Seite gefahren und hat einen epileptischen Anfall bekommen.

Welche Anfallsformen hast du?
Ich habe Grand mal Anfälle. Dabei gibt es drei verschiedene Gefährlichkeitsgrade: Es gibt die Absencen, die merkt kaum jemand, wo ich kurz mal an die Decke gucke. Und beim Grand mal kommen dann die richtigen Anfälle. Da bin ich weggetreten für mehrere Minuten. Das Gefährlichste ist der Status. Das sind mehrere Anfälle, die aufeinander folgen

ohne Unterbrechung. Der eine hört auf, der nächste kommt sofort. Die
sind kritisch. Wenn man so etwas sieht, ist sofort der Notarzt oder die
Feuerwehr zu rufen. Da gibt es keine andere Möglichkeit.

Das heißt, Du hast Grand mal Anfälle und Absencen?
Absencen habe ich auch, die gehören teilweise dazu.

Spürst Du bei einem Grand mal Anfall, daß er kommt?
Manchmal, nicht immer. Das ist verschieden. Das kommt auch auf die
Situation drauf an. Ich bekomme die Anfälle meist nur in einer Entspan-
nungsphase – nicht, wenn ich angespannt bin. Das ist der gefährlichste
Bereich. In der Schule bekomme ich kaum Anfälle. Außer ich habe keine
Tabletten mehr und besorge sie mir zu spät, dann können sie auch in der
Schule auftreten, aber ansonsten eigentlich nicht.

Medikamente hast Du schon immer genommen und mußt du auch jetzt
noch nehmen?
Ja, die muß ich immer nehmen. Manche müssen das aber nicht. Ich muß
sie nehmen, um die Anfallshäufigkeit zu reduzieren. Aber ich bekomme
so ein- bis zweimal im Jahr noch Anfälle. Aber da ich zur Zeit unter
Streß stehe – Streß ist nämlich auch ein gefährlicher Faktor – kann sich
die Anfallshäufigkeit um das Doppelte oder Dreifache erhöhen.

Wie hoch ist die Dosis der Medikamente, die du einnehmen mußt?
Ich muß 1200 mg am Tag nehmen, morgens 600 mg und abends 600 mg.

Spürst Du unangenehme Nebenwirkungen?
Ja, z. B. Gewichtszunahme. Für ein Kind, das etwa 1,50m groß ist und
65kg wiegt, ist das ein ganz schönes Übergewicht. Das gibt es. Es gibt
aber auch Medikamente, wo das nicht der Fall ist. Es kommt immer auf
das Medikament an.
Da gibt es ja so viele verschieden, die kann ich mir nie merken.
Genau wie bei Anfällen. Welche Anfälle es z. B. noch gibt, die ich aber
nicht habe, sind psychomotorische Anfälle. Die sieht man aber nicht so
häufig. Das sind Anfälle, da zieht sich jemand einen Schuh aus, zieht die
Socken aus, zieht den Schuh wieder an, und steckt sich den Socken in die
Jackentasche. Und weiß danach nicht, was passiert ist. Das sind psy-
chomotorische Anfälle, die sind ungefährlich.

Hattest du immer etwa gleich viele Anfälle mit der Medikamenteneinnahme, oder schwankte die Häufigkeit?
Also jetzt hatte ich wegen dem Streß gerade eine ziemliche Anfallsmasse.
Da hatte ich, glaube ich, in zwei Wochen mal drei Anfälle. Das ist ziemlich
häufig. Das ist nicht so gut, denn dann bin ich kaputt, ermattet, müde.

Das sind die Nachwirkungen. Auch Kopfschmerzen, teilweise auch ein Wangenbiß oder Zungenbiß gehören dazu. Das sind die häufigsten Anzeichen dafür, daß ein Anfall vorlag. Und wenn es noch schlimmer kommt, dann kommen auch noch Platzwunden dazu. Das beste ist dann denjenigen in die stabile Seitenlage zu bringen, damit die Atemwege frei bleiben.
Wenn ein Anfall aber wirklich länger dauert als drei bis vier Minuten, dann gibt es kein Hin und Her, dann muß die Feuerwehr geholt werden. Auch dann, wenn ein Status vorliegt, dann auf jeden Fall.

Wieviel Kinder wart ihr in Deiner Grundschulklasse?
15–16 Kinder, am Anfang waren wir drei behinderte Kinder, das eine ging dann aber nach der zweiten Klasse auf eine andere Schule. Das zweite hat uns die ganze Grundschulzeit über begleitet. Und ich habe halt eine ganz normale Gesamtschule durchgezogen.

Deine Grundschullehrerin wechselte dann mit der Klasse auf die Sophie-Scholl-Schule?
Ja, sie war dann stellvertretende Klassenlehrerin bis zur zehnten Klasse. Aber ich hatte Glück mit dem Lehrer. Ich hatte einen ganz netten Klassenlehrer, der hinter uns stand. Wir haben auch als Klasse zusammengehalten.

Es gab also eine Gruppe von Kindern, die seit dem Kinderhaus bis nach der zehnten Klasse immer zusammen war?
Ja, etwa zehn oder zwölf, waren dabei.

In der Grundschule hattest Du zwei Lehrerinnen?
Also ich hatte immer Anspruch auf eine Hilfe, was jetzt in der Berufsschule nicht mehr der Fall ist, da es keine allgemeinbildende Schule ist, sondern eine Berufsschule. Das wäre anders, wenn ich Fachabitur machen würde.

Warum bist Du für Integration?
Ich bin für Integration, weil ich gegen Aussonderung bin. Alle leichter Behinderten, die eine allgemeine Schule schaffen können, sollen das auch machen. Das Problem sind dann meistens die Eltern, die nicht die Nerven dafür haben, das durchzusetzen. Ich bin dafür, daß sich beide Gruppen, die Behinderten und die Nichtbehinderten, besser kennenlernen sollten, damit kein abstoßendes Verhalten zweier Gruppen entsteht. Und daher bin ich für Integration für behinderte Kinder. Aber sich durchzusetzen gegenüber Schuldirektoren, das kann schwer werden, wenn man keine gute Rückenstütze hat.
Die Kinder müssen sich daran erstmal gewöhnt haben – eine Gewöhnungsphase muß von jedem durchgemacht werden. Die müssen sich erstmal an

*die Sprache von denen gewöhnen, an den Ausdruck, was er kann. Und
der Lehrer muß auch versuchen, ihre Anforderungshöhe herauszufin-
den.
Ich bin dafür, daß die Kinder lieber noch ein bißchen mehr arbeiten
müssen, z. B. Lückendiktate, so daß sie langsam auf den normalen Stand
hinarbeiten, so daß sie in der fünften Klasse etwa den Stoff machen können,
den die anderen auch machen.*

Und was denkst Du ist für Kinder mit einer Epilepsie gut?
*Die sollten genauso behandelt werden. Wenn die Anfälle nicht zu schlimm,
die Zuckungen nicht zu stark sind, dann sollte man versuchen, sie in die
allgemeine Klassengemeinschaft reinzubringen, zu integrieren.*

In der Zeitschrift »einfälle« hast Du über Dein schönstes Schulerlebnis
geschrieben, darüber, daß Du Schülerlotse warst. Warum war das für
Dich ein so schönes Erlebnis?
*Weil damit konnte ich auch anderen behinderten Kindern zeigen, daß,
wenn sie Durchsetzungsvermögen haben, sie es auch schaffen können.
Und daher war es für mich ein schönes Erlebnis, daß ich das geschafft
habe. Aber Du brauchst immer gute Lehrer, die hinter Dir stehen und
Dir helfen.*

Und hast Du noch andere besonders schöne Erinnerungen an Deine
Grundschulzeit?
*Ja, in der Grundschule habe ich den Freischwimmer geschafft, was für
Behinderte teilweise auch ganz schön anspruchsvoll ist.*

Das heißt, Du hast auch am Schwimmunterricht trotz deiner Epilepsie
teilgenommen?
Ja, ohne Einschränkungen.

Und am normalen Sportunterricht?
*Da auch, aber der Sportlehrer muß auf einige Sachen achten. Derjenige
darf an bestimmten Geräten nicht turnen, z. B. am Reck.*

Wegen der Sturzgefahr?
*Ja, auch an den Seilen und Ringen. Aber z. B. Bodenturnen dürfte bei
guter Reaktion, auch wenn die Muskelreaktion etwas langsamer ist, kein
Problem sein.*

Aber Schwimmen kann doch auch gefährlich sein?
*Aber beim Schulsport waren immer Lehrer in der Nähe. Wenn einer mit
Epilepsie alleine schwimmen gehen will, sollte er eine zweite Person mit-
nehmen, mit der er zusammenbleibt. Oder er muß den Bademeister bitten,*

ein Auge auf ihn zu haben. Wofür sind die sonst da?

Hast Du auch eine Erinnerung an ein schreckliches Erlebnis in der Grundschule?
In der Grundschule weniger, höchstens daß ich einen Lehrer nicht ausstehen konnte. In der höheren Schule gab es wiederum auch solche Lehrer, die ich nicht ausstehen konnte.

Kannst Du dich noch an Anfälle erinnern, die Du in der Schule hattest?
An ein paar, ein paar hatte ich da, aber nicht sehr viele. Ich hatte teilweise Grand mal Anfälle. Bis hin zur sechsten Klasse hatten wir immer noch eine Matratze dabei, auf der ich mich dann hinlegen konnte. Und dann hat mich meine Mutter oder mein Vater abgeholt.

Und in der anderen Schule hattest Du keine Matratze mehr?
Nein, die hätte man da auch gar nicht aufbewahren können, da der Raum zu klein war. Und ich wollte auch keine mehr, weil da hatte ich kaum noch Anfälle in der Schule.

Kannst Du dich noch daran erinnern, wie Du dich dann nach einem Anfall gefühlt hast, und wie die anderen Kinder reagiert haben?
Die meisten kannten das ja schon aus dem Kinderhaus. Es waren ja nur so sechs oder sieben neue Kinder in der Klasse, die haben sich schnell dran gewöhnt. Aber da es hauptsächlich nie in der Schule passiert ist, sondern zu Hause, haben das nur ein paar mitgekriegt, meine engsten Freunde.

Wie sollten die anderen in der Klasse reagieren, wenn ein Kind in der Klasse einen Anfall hat?
Sie sollten möglichst helfen, sollten möglichst sämtliche verletzungsgefährlichen Gegenstände aus der Nähe entfernen. Das können Tische, Stühle oder auch Schränke sein, die allerdings meist fest montiert sind. Dann sollten sie das Kind aus der Gefahrenzone ziehen, kurz bevor der Anfall losgeht. Oder versuchen, die gefährlichsten Ecken auszupolstern, oder Jacken an die Stellen zu legen, so daß er sich nicht verletzen kann. Nach einem Anfall sollte die Lehrerin aber versuchen, die anderen wieder auf den Unterricht zu konzentrieren. Aber noch eine Auge auf ihn haben. Meine Klasse hat das wirklich gut gemeistert.

Dann braucht das Kind wahrscheinlich nach einem Grand mal Anfall erst einmal Zeit, um sich auszuruhen.
Ja, nach einem Anfall ist es gar nicht ansprechbar. Vielleicht reagiert es ein bißchen, aber das war es auch schon.

Wie lange schläfst Du nach einem Anfall?
Das ist unterschiedlich. Das können drei Stunden aber auch der ganze Nachmittag sein. Denn man ist dann ermattet, müde und nimmt nichts mehr wahr. Ich habe mich dann zu Hause ausgeruht. Dort habe ich dann weitergeschlafen, und am nächsten Tag war ich meistens nicht in der Schule. Ich hatte dann Kopfschmerzen. Man hat nach einem Grand mal Anfall höllische Kopfschmerzen, so daß man am nächsten Tag auch nicht arbeiten kann. Der ganze Kopf dröhnt. Du kannst Dich auf nichts konzentrieren. Du kannst nur im Bett liegen und schlafen. Auch Deine Glieder sind oft so ermattet, daß Du beim Aufstehen zusammenklappen würdest. Auch wenn Du eine gute Kondition hast, ein Anfall kann sie um 50% senken, aber nicht langsam, wie es bei Sport der Fall ist, sondern auf einen Schlag.

Hattest du Angst davor, in der Schule einen Anfall zu bekommen?
In der Schule hatte ich ja kaum Anfälle.

Habt ihr im Unterricht auch mal über Epilepsie und Anfälle gesprochen, so daß die Lehrerin oder auch Du den anderen erklärt hast, was so ein Anfall überhaupt ist?
Ja, das haben wir gemacht. In der Grundschule hat es meine Mutter den anderen Kindern und den Lehrern erklärt. In der Oberstufe habe ich es dann selber gemacht, habe den ganzen Lehrern alles verklickert.

Wußten die Lehrer über Epilepsie Bescheid?
Nein, teilweise wußten die überhaupt nichts über Epilepsie, und das hat mich ganz schön erstaunt. Die haben zwar manchmal mit behinderten Kindern zu tun, und wissen über die Krankheit überhaupt nichts. So habe ich dann Aufklärung betrieben. Das war teilweise ziemlich schwierige Arbeit.
Wieso war das schwer?
Das war nervenaufreibend. Weil Lehrer manchmal Fragen stellen, die normalerweise für Kinder üblich sind. Und das kann ganz schön strapazieren.

An der Universität, auch beim Lehrerstudium hört man über Epilepsie sehr wenig, fast gar nichts. Dabei wäre das doch sehr wichtig.
Eigentlich kennen sich nur die wirklich aus, die mit der Krankheit zu tun haben z. B. Ärzte, und dann Leute so wie ich, der die Krankheit seit zwanzig Jahren hat und die Angehörigen. Das sind die Leute, die sich auskennen. Aber nicht unbedingt die Professoren an den Universitäten, die andere Sachen im Kopf haben.
Aber man könnte das Thema ja zumindest mal ansprechen.
Ja, das sollte man tun, da Epilepsie wirklich zu den häufigen Krankheiten gehört.

Es gib aber auch noch andere Krankheiten, bei denen Epilepsie dazu kommt, z. B. beim Down-Syndrom, nicht immer, aber manchmal.

Mußten in deiner Schulzeit für Ausflüge oder Klassenfahrten besondere Regelungen getroffen werden?
Nein, da bin ich einfach mitgefahren. Ich kann mich an eine schöne Klassenfahrt erinnern, eine Abschlußfahrt mit den ganzen Schülerlotsen aus Schöneberg. Für mich war eine Frau dabei, die wir kennen, und der wir auch Vertrauen schenken. Und sie kannte die Krankheit auch sehr gut und wußte wegen allem Bescheid.
Und wie war es z. B. bei Klassenarbeiten?
Da habe ich teilweise Zeitverlängerung bekommen, oder ich habe Aufsätze z. B. auch zu Hause fertig geschrieben. Das sollte man bei so einem Schüler durchgehen lassen.

Bis wann hast Du eine verbale Beurteilung bekommen?
Bis zur sechsten Klasse. Verbale Zeugnisse sind schwierig. Bei behinderten Kindern kann man das zum Teil nicht an den Arbeiten machen, sondern man sollte z. B. dem mündlichen Teil etwas mehr Gewicht geben.
Hast Du Dich denn in der Schule gerecht beurteilt gefühlt?
Ja, bei den Lehrern, die ich hatte. Ich hatte wirklich Glück mit meinen Lehrern.
Was hätte in deiner Grundschulzeit besser sein können?
Zum Beispiel, daß schwächere Schüler teilweise Förderunterricht bekommen, und daß das so viel Zeit in Anspruch nimmt, worauf diejenigen überhaupt keinen Bock haben. Wenn der- oder diejenige keinen Bock hat, dann wird da auch nichts draus. Man muß versuchen, sie dann zu motivieren.

Was würdest Du einem Kind mit Epilepsie, das in die Grundschule geht, von Deinen Erfahrungen mit auf den Weg geben?
Eigentlich muß jeder die Erfahrung mit sich machen. Man kann sie nicht so übertragen. Ich kann jedem nur die Daumen drücken, daß er es schafft und mehr eigentlich nicht. Und man kann nur hoffen, daß die Eltern von dem Kind gute Nerven und ein gutes Durchhaltevermögen haben. Das sind erstmal die Voraussetzungen, und die sind teilweise überhaupt nicht erfüllt, weil die Eltern zu ängstlich sind.

Denkst Du, daß für jedes Kind mit einer Epilepsie andere Probleme auftauchen?
Ja, und Gefahren. Jeder Anfall fällt anders aus. Kippe ich z. B. hier um, hätte ich eine Platzwunde. Auf dem Bett hätte ich danach wahrscheinlich nur Kopfschmerzen.

Und Deine Absencen, spielen die eine Rolle?
Ja das sind Vorstufen von einem Anfall. Sie treten auch gesondert auf,
aber meistens ist dann Vorsicht geboten.
Wie ist das, so eine Absence, hast Du noch etwas mitbekommen?
Ich schalte einfach ab, gucke so und höre nichts. Das ist so wie ein Video-
recorder. Der hört auf zu laufen, stoppt und geht danach wieder an. So
kann man sich das vorstellen. Manchmal wurde ich deswegen auch blöd
angeschnauzt. Wenn das dann aber jemand mitgekriegt hat, der z. B.
neben mir saß, dann haben die halt zurückgeschnauzt. Ohne eine gute
Klassengemeinschaft wird der Behinderte das niemals schaffen. Er
braucht Hilfe von seinen Mitschülern, wenn er die nicht bekommt, kann
er den Unterricht vergessen.

Welche Empfehlungen würdest Du Eltern geben, die ein epilepsiekrankes
Kind haben?
Denen würde ich erstmal empfehlen, sich mit dem Arzt zu beraten und
auch Vereine aufzusuchen, die sich das Thema zur Aufgabe gemacht
haben, z. B. «Eltern für Integration«, «Eltern beraten Eltern«, Die Selbst-
hilfe in der Zillestraße. Sich da Infos zu besorgen, sich beraten zu lassen,
andere Eltern zu treffen mit Kindern der gleichen Krankheit.

Würdest Du auch immer Integration empfehlen?
Ja, auf jeden Fall das Kind in die Integrationsklasse geben und nicht in
die Sonderschule. Mit einem Sonderschulabschluß kannst Du überhaupt
nichts anfangen. Für meine Ausbildung ist z. B. die mittlere Reife nötig.
Das Sonderschulabschlußzeugnis kannst Du Dir wie eine Urkunde an
die Wand hängen, und das war es. So ist die Wirtschaft, man muß immer
so gut sein, wie die Wirtschaft das will.

Interview II
Der Sohn der befragten Mutter war zum Zeitpunkt des Interviews 9 Jahre
alt und besuchte die dritte Klasse einer Grundschule.

Seinen ersten Anfall hatte C. vor genau fünf Jahren am 1.1. 92. C. hatte
sich gewünscht, daß wir ihn um Mitternacht zum Feuerwerk wecken. Er
war schon übermüdet ins Bett gegangen. Mein Mann versuchte dann, ihn
um 24.00 Uhr zu wecken. C. hat sich dagegen gewehrt. Er wollte nicht
aufstehen. Doch mein Mann wollte ihn wecken. Er dachte, sonst würde
C. ihm am nächsten Tag Vorwürfe machen, daß er nicht geweckt wurde.
Er hat ihn dann gewaltsam aus dem Bett geholt und ihn auf die Terrasse
getragen. C. hat seinen Kopf versteckt und hatte gar kein Interesse am
Feuerwerk. Er wollte nur ins Bett zurück.
C. schlief derzeit noch mit in unserem Bett. Um 4.oo Uhr bin ich dann an

*den Zuckungen aufgewacht. Ich habe zwei- dreimal in meinem Leben
einen epileptischen Anfall gesehen – mir war sofort klar, daß dies ein
Anfall war. C. hatte einen Grand mal. Den einzigen, den ich bisher bei
ihm erlebt habe. Der Anfall hat etwa 10 Minuten angehalten. Ich stand
unter Schock – die Zeit kam mit so lang vor. Ich habe nachts noch die
Kinderärztin benachrichtigt. Sie sagte, das sei ein Grand mal gewesen
und C. müsse sofort ins Krankenhaus.*
*Am nächsten Tag gingen wir also ins Krankenhaus, wo man zunächst
den Verdacht auf einen Fieberanfall hatte. C. blieb insgesamt vier Wochen
lang im Krankenhaus. Man machte EEGs, Computertomographie. Die
Ärzte sagten uns, daß die Ergebnisse C. eindeutig als einen Epileptiker
ausweisen würden.*
*Wir mußten ihn also medikamentös einstellen lassen. Der Arzt sagte uns,
daß dies auch der einzige Anfall bleiben könne, daß die Medikamente
evtl. auch unnötig sein können. Er hat uns die Risiken aber so drastisch
geschildert, daß wir ihn einstellen lassen mußten.*
*Absencen habe ich bei C. noch nicht festgestellt. Er hat aber immer mal
wieder Petit mals (Zuckungen mit einem Arm oder Bein). Die Gefahr ist
aber, daß man Dinge sieht, die normalerweise auch auftreten, z. B. daß
ein Kind abwesend ist, in die Luft schaut, und das dann als einen epileptischen Anfall interpretiert.*

Wie hat C. auf die Krankheit reagiert?
*Es ist schwierig, mit einem Kind in dem Alter darüber zu sprechen. Man
muß sich überlegen: mach ich es, mache ich es nicht. Für C. war das
Tablettenschlucken schwierig, und die Frage nach dem Warum tauchte
auf. Die Tabletteneinnahme war auch ein großes Problem innerhalb der
Familie. Ich habe auch oft vergessen, C. die Tabletten zu geben. Er war
froh, wenn er sie nicht nehmen mußte.*
*Seit etwa einem halben Jahr ist C. intellektuell klar, was er hat. Und es
ist ihm auch klar, daß die Tabletten wichtig sind. Er nimmt sie jetzt von
sich aus. Aber 3 bis 4 Jahre lang war das eine ganz schreckliche Belastung für uns alle.*

Hat C. Fragen gestellt, spricht er über seine Krankheit ?
*C. hat es zunächst mal verdrängt. Erst jetzt spricht er offen darüber. Sein
Bruder hat letztens morgens zu mir gesagt: »Du, ich glaube, der C. hatte
heute nacht einen Anfall.«*
*C. war das unangenehm: »Naja, ich habe schon gemerkt, daß F. sich
Sorgen gemacht hat. Ich wollte aber nicht, daß er das merkt. Ich habe
das nämlich öfters, daß mal mein Bein zuckt, oder daß ich meinen Arm
nicht mehr bewegen kann. Und ich habe alles gehört, was der F. zu mir
gesagt hat. Ich wollte immer sagen: »Hör auf, es ist gleich vorbei!«
Aber ich konnte nicht sprechen.«*

C. ist jetzt dazu bereit, darüber zu sprechen. Seitdem erzählt er auch:
»Ich glaube ich hatte heute nacht einen kleinen Anfall.« Ich lese ihm
auch etwas über Epilepsie vor, spreche mit ihm darüber, erwähne die
berühmten Persönlichkeiten, die Epilepsie hatten.

Haben Sie die Lehrerin informiert?
Ja, natürlich. Im Krankenhaus damals haben sie uns allerdings davon
abgeraten, im Kindergarten oder später in der Schule etwas von der
Krankheit zu sagen. Im Gegensatz zu früher würden sie heute von der
Offenheit abraten – auch den Lehrern gegenüber, weil die Erfahrung
leider gezeigt hätte, daß diese Kinder immer noch im Abseits stehen.
Ich habe aber durch Offenheit erfahren, wie viele eigentlich Epilepsie
haben. Das empfand ich als sehr tröstlich. Ich hatte auch noch nie das
Gefühl, daß C. im Abseits steht.
Mein Mann sieht das allerdings anders. Er will z. B. auch bei einem
Anamnesebogen beim Zahnarzt nicht angeben, daß C. Epilepsie hat, das
gehe den Zahnarzt nichts an. Er hat Angst, daß die Information in ir-
gendeinem Computer landet und C. dann sein Leben lang als Epileptiker
stigmatisiert sei.
Wir haben z. B. vom Schwimmlehrer in der Schule einen Zettel bekom-
men, wo man ausfüllen muß, ob das Kind an irgendwelchen Krankheiten
leidet, z. B. an Epilepsie. Mein Mann will das nicht ausfüllen. Den Zettel
haben wir bis jetzt noch nicht abgegeben.

Wie hat die Klassenlehrerin auf die Information über C.'s Krankheit reagiert?
Positiv. Da haben wir bisher Glück gehabt. Wir sind bisher auf verständ-
nisvolle Leute getroffen, die auf C. eingehen.

Hatte die Lehrerin Zweifel daran, ob C. in der Klasse bleiben kann?
Nein.

Wußte die Lehrerin über Epilepsie Bescheid?
Nein, da war ich auch schockiert, daß in der Grundschule die Lehrerinnen
überhaupt nicht informiert sind. Und wie oft wird solchen Kindern Unrecht
angetan. Wenn man z. B. schimpft und sagt, das Kind sei unkonzentriert.
Da bestehen schon erhebliche Mängel!

Haben Sie die Lehrerin dann über die Krankheit aufgeklärt?
Ich habe ihr Literatur gegeben. Sie hatte wirklich überhaupt keine Ahnung.
C. schreibt z. B. sehr schlecht. Er wollte Flöte lernen, hatte zwei Jahre
Unterricht und konnte danach praktisch überhaupt nicht spielen. Er kann
die Flöte nicht mit beiden Händen halten, konnte sich auch die Schuhe
nicht zubinden. Die Lehrerin hat uns auf C's. Schwäche überhaupt nicht

aufmerksam gemacht. C. kann z. B. auch nicht Fahrradfahren. Erst durch das Flötespielen sind wir dann darauf gekommen, daß C. da Defizite hat.
Am Ende der zweiten Klasse sind wir dann auf den Ratschlag einer Freundin hin noch mal zu einem Neurologen gegangen. Der Befund war, daß C.'s rechte Gehirnhälfte nicht so stark entwickelt ist wie die linke. C. braucht ganz dringend Ergotherapie. Man hätte allerdings eher damit anfangen müssen. Es ist schon fast zu spät dafür.

Haben C.'s Schwierigkeiten denn etwas mit der Epilepsie zu tun?
Mein Gedanke war, daß das etwas mit den Medikamenten zu tun hat. Der Neurologe bestritt dies allerdings. Man kann bei C. nicht mehr feststellen, woher die Epilepsie eigentlich kommt. Er hat eine Narbe im Gehirn. Ob die von der Geburt kommt oder von dem Grand mal, das ist unklar. Aber von meinem Gefühl her denke ich immer noch, daß viel mit den Medikamenten zu tun hat. Ich tue mich mit den Medikamenten sehr schwer.

Hat C. aufgrund seiner Krankheit besondere Bedürfnisse?
Ein ganz großes Bedürfnis ist, Informationen zu bekommen. Ich denke, daß ihm das Sicherheit gibt. Offenheit kann nichts Schlechtes sein. C. hat den Wunsch, über seine Krankheit etwas zu hören. Er fragt mich danach. Er braucht eigentlich auch einen regelmäßigen Rhythmus und genug Schlaf. Allerdings geht er immer zu spät ins Bett.

Müssen aufgrund der Krankheit bestimmte Regelungen in der Schule getroffen werden?
Nein, gar keine. C. nimmt z. B. ganz normal am Sportunterricht teil. Er ist zwar nicht besonders gut, aber ist ganz aggressionsfrei. Er mag keine Konflikte. C. steht zu sich. Er hat keine Komplexe. Er weiß, was er kann. Selbstbewußtsein ist eine ganz wichtige Sache.
Als C. zwei Tage im Schullandheim war, habe ich der Lehrerin Rektiolen für den Notfall mitgegeben und habe ihr erklärt, wie man sie anwendet. Die Lehrerin hat auch immer ein Rektiole in der Schublade in der Klasse.

Wissen C.'s Freunde über seine Krankheit Bescheid?
C. hat zwei, drei enge Freunde. Denen vertraut er sich an. Die Freunde interessieren sich auch dafür. Ich habe nicht den Eindruck, als würde C. deswegen abgelehnt.

Sind besondere Regelungen für C.'s Alltag notwendig?
C. muß alle sechs Wochen zur Blutabnahme. Er läßt das alles über sich ergehen. Aber es schmerzt ihn. Die regelmäßigen Untersuchungen (Medikamentenspiegel, alle 2-3 Monate EEG) sind eine große Belastung. Das Kind bekommt damit auch vermittelt: Ich bin krank. Ich habe was.

Hat C. schon einmal gefragt, wie so ein Anfall aussieht?
Er weiß das. Er beschreibt mir öfters, wie er einen kleinen Anfall hatte:
»Ich höre alles, ich höre Dich sprechen , und ich will M. rufen, aber ich
kann es nicht.« Ich habe das Gefühl, daß ihn das sehr beschäftigt. Dieses
Ausgeliefertsein, das ist schwierig.
Haben Sie den Eindruck, daß die Medikamente Einfluß auf C.'s Lernen
haben?
Ja, C. ist sehr langsam. Er braucht z. B. sehr viel Zeit für seine Hausauf-
gaben. Ich denke schon, daß bei ihm alles verzögert ist, daß er größere
Konzentrationsschwierigkeiten hat. Das Schreiben geht sehr langsam.
Er schreibt sehr schlecht. Das führe ich auch auf die Medikamente zurück.
Er hat fast bis zum Ende des zweiten Schuljahres überhabt nicht gelesen.
Irgendwann hat er sich dann für die Titanic interessiert. Wir haben ihm
dann das Buch geschenkt. Es war eher symbolisch gemeint. C. hat dann
den ganzen Roman gelesen. Auch den Glöckner von Notre Dame hat er
gelesen. Das sind alles keine kindgemäßen Sachen. Er kompensiert dies
dann im Spielen. Dabei ist er ganz Kind.
Ich würde die Medikamente am liebsten absetzen, denn sie haben auch
Bewußtseinsveränderungen zur Folge. Ich weiß manchmal gar nicht mehr,
wie mein Kind eigentlich ist.

Welche Empfehlungen würden Sie anderen Eltern geben, deren Kinder
Epilepsie haben?
Ich würde auf jeden Fall nach Kork gehen oder nach Bethel. Es gibt zu
wenige Kinderärzte, die wirklich spezialisiert sind. Die in Kork sind es. Auch
eine Selbsthifegruppe würde ich empfehlen. Das bringt viel. Ein Problem
dabei ist nur, daß die Kinder der anderen Mütter oft auch noch eine geistige
Behinderung haben. Mit denen kann ich dann auch nicht kommunizieren.
Sie haben wahrscheinlich auch noch andere zusätzliche Probleme.
Das Schlimmste ist die Isolation, wenn man alleine ist. Ich empfehle auch
eine Psychotherapie für Mütter. Ich habe mit C.'s Krankheit zum ersten
Mal erlebt, wie das ist, wenn man neben sich steht.
Mich hat es in meiner Persönlichkeit verändert –positiv und negativ. So
einen Grand mal zu sehen, ist schon fürchterlich. Man steht ja völlig
hilflos daneben, und der Mensch ist einem vertraut und trotzdem fremd.

Und welche Empfehlungen würden Sie in bezug auf Schule geben?
Man sollte unbedingt immer mit der Lehrerin sprechen. Man muß aber
im Gefühl haben, ob es jemand ist, der man vertrauen kann, es richtig
aufnimmt. Auch eine Ergotherapie ist wichtig. Von Seiten der Lehrerinnen
und Ärzte müßte viel mehr aufmerksam gemacht werden. Sobald kein
Anfall auftritt, ist alles in Ordnung. Daß vielleicht auch noch andere
Dinge eine Rolle spielen, das wird überhaupt nicht berücksichtigt.

Wenn ein Anfall in der Schule auftreten würde. Wie kann eine Lehrerin das auffangen? Was würden Sie sich wünschen?
Auf jeden Fall sollte eine Lehrerin nach einem Anfall mit den Kindern darüber sprechen. Es wäre auch gut, wenn sie über die Geschichte der Epilepsie etwas weiß. Daß z. B. die Ermordung Epilepsiekranker unter Hitler auch heute das Bild der Epilepsie prägt, ist wichtig. Daß Epilepsie eine Krankheit ist, die in allen Völkern gleich stark vertreten ist. Das kann eine Lehrerin mit der Klasse besprechen. Sie kann auch vermitteln, daß Epilepsie vielleicht auch etwas Besonderes ist, eine ganz besondere Krankheit, etwas Geheimnisvolles.
Man sollte auch die berühmten Menschen mit Epilepsie in den Vordergrund rücken. Man sollte dadurch Komplexe abbauen und Selbstbewußtsein vermitteln. Epilepsie verbindet man bei uns immer noch mit Geisteskrankheit. Das macht die Krankheit so schwierig.

Das liegt wahrscheinlich auch an ganz großen Informationsdefiziten.
Das habe ich auch an uns selber gemerkt. C. hat Glück, weil er ein intelligentes Kind ist, das sich für viele Sachen interessiert, dafür bei seinen Mitschülern ganz starke Bewunderung hervorruft.
Wäre er aber ein durchschnittliches Kind oder unterdurchschnittlich begabt, dann er hätte er wahrscheinlich Komplexe.

Interview III
Der Sohn der befragten Mutter war zum Zeitpunkt des Interviews sieben Jahre alt und besuchte die erste Klasse (Integrationsklasse).

1. Den ersten Anfall hatte N. als er zwei Monate alt war. Zu dem Zeitpunkt sind mir die ersten unkontrollierten Zuckungen aufgefallen. Dann sind wir zum Arzt gegangen. Es wurde ein EEG gemacht. Man hat mir gar nichts gesagt. Wir haben einfach irgendwelche Medikamente gekriegt. Die Diagnose kam erst Monate später, als es hieß, daß er ein Hämangiom (Blutschwämmchen) am Großhirn hat. Diese Hämangiom müßte operiert werden.
Im Krankenhaus wurde er medikamentös eingestellt. Aber das Medikament hat überhaupt nichts gebracht – im Gegenteil: die Anfälle wurden nur noch schlimmer. N. hatte ständig Anfälle in jeder Schlafphase. Das waren keine Grand mal Anfälle, sondern ähnlich der BNS-Krämpfe. Diese Anfälle liefen dann in fünf bis sechs Serien am Tag ab mit bis zu 70 Zuckungen. Ein Laie würde das wahrscheinlich gar nicht mitkriegen.
N. wurde dann in Berlin neu eingestellt und war dann eine Zeit lang anfallsfrei. Aber wir blieben immer noch so uninformiert. Bei jeder Medikamentenumstellung wehrte sich N. mit einem großen Infekt, sogar mit einem Fieberkrampf. Nach weiteren Untersuchungen (Kernspin, EEG)

wurde dann die Diagnose «tuboröse Hirnsklerose« gestellt, d. h. Verkno-
tungen des Gehirns und demzufolge würden die Anfälle auftreten.
Wie die Krankheit verlaufen würde, konnte man mir nicht sagen. N. ist
jetzt sieben Jahre alt und seit dreieinhalb Jahren anfallsfrei.

Haben die Medikamente Nebenwirkungen?

Mit einer Medikamentenumstellung hat sich N. erst entwickelt. Die Medi-
kamente, die er vorher nahm, haben ihn furchtbar gehemmt – in seiner
geistigen und auch körperlichen Entwicklung. Mit dem neuen Medikament
vor 3½ Jahren hat sich N. um 180° gedreht. Zuvor hatte er auch einen
für ihn ungewöhnlichen Sturzanfall am Tage. Das neue Medikament hatte
starke Nebenwirkungen, als N. hochdosiert war. Wenn die Anfallserschei-
nungen nachlassen, können die Nebenwirkungen stärker werden. N. war
täglich schlecht. Wir konnten manchmal nicht mehr als eine Station mit
dem Bus fahren. Auch Bauchschmerzen hatte er fast täglich. Ich habe
ihm dann eine halbe Tablette weniger gegeben. Jetzt geht es ihm blendend.
N. bekommt auch nur eine sehr geringe Dosis, die keine Nebenwirkungen
mehr hat. Absetzen können wir die Medikamente allerdings noch nicht.

Was hat die Diagnose »Epilepsie« bei Dir ausgelöst?

Ich konnte mir unter Epilepsie gar nichts vorstellen. Ich kannte zwar das
Wort und hatte Erinnerungen an eine Klassenkameradin, die »Epilep-
tikerin« war. Aber das war das einzige Mal, daß ich damit in Berührung
kam. Ich weiß gar nicht mehr, was ich bei N. gedacht habe. Wahrschein-
lich hat mein Denken ausgesetzt. Ich war einfach unglücklich und traurig.
Keiner konnte mir etwas sagen und mir helfen. In Berlin wurden wir
dann das erste Mal wirklich informiert. Das war für mich dann erstmal
eine Beruhigung.
Aber damals, und auch heute noch, besteht immer die Angst vor einem
Rückfall und vor allem immer die Angst vor einem richtigen Grand mal
Anfall. Damit würde ein ganz anderes Leben anfangen. Dann muß man
wirklich alle Leute vorbereiten, so daß sie mit dir mitarbeiten. Dann würde
es noch viel schwieriger, ein Kind mal abzugeben.

Wie reagierte N. auf die Krankheit, auf die Tabletteneinnahme ?

Zunächst hat er es einfach mal akzeptiert. Erst so seit einem Jahr, seitdem
ich mit ihm z. B. auch das Buch »Bei Tim wird alles anders« lese, kann
ich mit ihm wirklich über seine Krankheit sprechen, warum er diese Tablet-
ten nehmen muß usw. Wenn ich in die Selbsthifegruppe gehe, dann fragt
er mich auch, ob wir da wieder über seine Epilepsie sprechen. Aber er
hat seine Krankheit akzeptiert. Da werden aber sicher noch Zeiten kom-
men, wenn er größer ist, daß er sich dann auch gegen die Krankheit
wehren wird.

Erzählt N. Freunden von seiner Krankheit ?
Ich denke mir, sie ist für ihn gar kein Thema.

Hast Du die Eltern in der Klasse oder auch die Freunde der Eltern informiert?
*Es hat sich so noch nicht so ergeben. Es wäre sicher etwas anderes,
wenn N. solche Anfälle hätte, die wirklich sichtbar wären, bei denen er
öfter umfällt. Dann müßte man alle informieren. Die Eltern der Kinder,
mit denen N. verkehrt, sind informiert, wissen, was bei N. dahinter steckt,
aber für die Kinder ist das nicht wichtig.*

Hat N. aufgrund seiner Epilepsie besondere Bedürfnisse?
*Man muß mit N. langsamer umgehen. Man muß ihm die meisten Sachen
eben doch intensiver erklären, in Ruhe, sonst kommt es gar nicht bei ihm
an.*

Liegt das an der Epilepsie oder eher an den Verknotungen?
*Die Epilepsie ist ja eine Folge der Verknotungen. Ob das jetzt an der
Epilepsie liegt oder an ihrer Ursache, ich sehe beides im Zusammenhang.
Man kann das bei N. gar nicht so voneinander trennen. Ich sehe das als
eine Einheit, die Anfälle und die Verknotungen. Die Defizite, die er hat,
die gehen sicher auf die Verknotungen zurück. N. hat feinmotorische und
auch grobmotorische Schwierigkeiten.*

Hat N. besondere Probleme aufgrund seiner Krankheit?
*N. hat Schwierigkeiten mit der Konzentration, z. B. bei den Hausaufgaben.
Da braucht man nur nebenbei zu quasseln, dann kann er sich nicht konzentrieren. »Das ist hier so ein Lärm, ich weiß gar nicht, was ich machen
soll.« Deswegen macht N. seine Hausaufgaben auch nicht im Hort.*

Welche Ängste oder Vorstellungen hattest Du denn bei dem Gedanken:
Epilepsie und Schule?
*Das war für mich wie ein Trauma, das ich am liebsten noch wegschieben
wollte. Ich kannte mich auch mit dem westlichen Schulsystem überhaupt
nicht aus. Bei meiner älteren Tochter mußte ich mich ja um nichts kümmern. Eigentlich hatte ich auch eine andere Schule und einen anderen
Hort ausgewählt und bin jetzt auch nicht wirklich zufrieden.*

Hattest Du bewußt eine Integrationsschule für N. ausgesucht?
*Auf jeden Fall. Im Kindergarten war N. in einer Sonder-Kita. Dort hatten
wir ein großes Glück mit der Kindergärtnerin. Daran liegt sehr viel. In
der Schule oder der Kita steht und fällt einfach alles mit der Lehrerin
oder Erzieherin. Mit der Schule findet derzeit kein wirklicher Austausch
statt. Dabei empfinde ich dies als sehr wichtig. Im Moment läuft in der*

*Schule alles gut, er geht auch ganz gerne in die Schule. Aber irgendwie
fehlt noch etwas.*

Inwieweit spielen N.'s besondere Bedürfnisse und Probleme in der Schule
und im Unterricht eine Rolle?
*N. sitzt z. B. ganz vorne bei der Lehrerin. Sie kann ihn so immer gleich
ansprechen, wenn sie merkt, daß seine Aufmerksamkeit verlorengeht.
Wenn N. hinten sitzen würde, könnte er überhaupt nichts mitbekommen.
Ich denke, die Lehrerinnen werden auf N. auch langsam eingehen. Sonst
würde es in der Schule auch nicht so gut laufen. N. hat zweimal in der
Woche Förderunterricht.*

Wurden die Lehrerinnen der Klasse schon im Förderausschuß genau über
N. informiert?
*Ja, da war die Ärztin vom Bezirksamt, die alte Kindergärtnerin, die beiden
Lehrerinnen und jemand vom Schulamt.*

Mußten für die Schule besondere Regelungen getroffen werden?
*Nein, eigentlich nicht. Im Falle einer Klassenfahrt müßten die Lehrerinnen
noch genauer informiert werden. Am Sportunterricht nimmt er uneingeschränkt teil. Dabei ist er natürlich nicht so gut wie die anderen Kinder,
aber macht alles mit.*

Haben die Krankheit bzw. N.'s »Andersartigkeit« einen Einfluß auf seine
sozialen Kontakte?
*Da N. halt langsamer ist, findet er keinen wirklichen Anschluß. Er ist auf
jeden Fall einer, der ein bißchen abseits steht. Er versteht sich aber mit
dem anderen Gutachtenkind gut. Der ist hyperaktiv. Aber sie sind beide
Außenseiter und haben sich zusammengefunden. Beide sind auch später
in die Klasse gekommen. Der Großteil der Klasse war schon in der Vorklasse zusammen. In der Regel ist es so, daß sich N. jüngeren Kinder
anschließt und sich mit ihnen gut versteht. Er hat auch Freunde, auch
einen hier im Haus. Ich denke eine Ablehnung, die er in der Schule erfährt,
ist normal und liegt nicht an seiner Krankheit. Die werden alle Kinder
mal erfahren.*

Wie müßten Deiner Meinung nach die Schule, das Schulsystem, verändert
werden, damit Kinder mit Epilepsie optimal integriert werden können?
*Für Integration bin ich auf jeden Fall, auch für geistig behinderte Kinder.
Es gibt einfach Kinder die anders sind, da muß noch nicht einmal eine
Epilepsie im Vordergrund stehen. Der Lehrer müßte auf Besonderheiten
besser eingehen. Auch die Kinder untereinander können sich helfen, das
muß ihnen ermöglicht werden.*

Welche Empfehlungen gibst Du anderen Eltern, deren Kinder Epilepsie haben, auch in bezug auf Schule ?
Auf jeden Fall eine Selbsthilfeguppe. Die Ärzte haben meist gar nicht die Zeit, genau und in Ruhe zu beraten und zu informieren. Für das Wichtigste halte ich, sich zu informieren. Je größer mein Wissen über die Krankheit ist, desto sicherer und selbstsicherer kann ich dann auch auftreten – und das Kind auch. Wenn ich immer unsicher bin, »das Kind fällt vom Fahrrad« , dann fällt es auch garantiert.
Das ist auch in bezug auf die Schule wichtig. Sich selber Wissen anzueignen , um auch die Lehrer zu informieren. Man sollte in engem Kontakt zum Lehrer stehen. Wenn Anfälle auch am Tage auftreten, dann muß ein enger Kontakt zwischen Eltern und Lehrerin da sein.
Auf einer Fortbildung in P. erzählte die Direktorin einer Schule, daß es generell so läuft, daß Kinder, die einen Anfall haben, sofort ins Krankenhaus gebracht werden. Das könnte ich nicht akzeptieren. Wenn ich mein Kind jetzt jede Woche einmal aus dem Krankenhaus holen müßte. Nur wegen so einem Anfall. Andererseits konnte ich das Argument auch verstehen. In der Schule sind einige Mädchen in der Pubertät, die Anfälle haben. Und da sind die Lehrer Männer. Die sind auch nicht dazu bereit eine Rektiole zu verabreichen. Das ist eine schwierige Situation. Aber man sollte erstmal abwarten, sehen wie sich der Anfall entwickelt, und ob es überhaupt notwendig ist, ins Krankenhaus zu fahren.

5.2 Fragebögen

Vier Fragebögen (Fragebogen 6 – 9) beantworteten Mütter anfallskranker Kinder in der Nähe meiner Heimatstadt (bei Frankfurt a. M.). Die Kinder sind heute 16 Jahre, fünf Fragebögen (Fragebogen 1 – 5) beantworteten Mütter bzw. ein Vater aus der Selbsthilfegruppe in Berlin. Ihre Kinder besuchen derzeit die Grundschule, ein Kind wird erst in drei Jahren eingeschult. Die Teilnehmerinnen und Teilnehmer waren über mein Vorhaben im voraus informiert.

Die Antworten sind immer nur im Zusammenhang mit der Krankheitsgeschichte der betroffenen Kinder, ihren speziellen Epilepsieformen, Anfallsformen und zusätzlichen Beeinträchtigungen zu sehen; deshalb war es nicht möglich, sie tabellarisch auszuwerten. Ich habe die meisten Antworten einzeln aufgeführt, teilweise verkürzt. Außerdem habe ich zum besseren Verständnis kleine grammatikalische und orthographische Korrekturen angebracht. Die Antworten auf die Fragen 9, 10, 12 und 13 habe ich zusammen aufgeführt, da sie entweder bei allen Befragten sehr ähnlich ausfielen, oder weitgehend unabhängig von der Krankheitsgeschichte der einzelnen Kinder zu betrachten sind.

Fragebogen:
Epilepsie bei Kindern und Jugendlichen in der Schule

Name, Alter und Klassenstufe des Kindes

1. Schildern Sie bitte kurz den Krankheitsverlauf Ihres Kindes (1. Anfall, Alter, Diagnose, Medikation, Anfallsformen, evtl. zusätzliche Beeinträchtigungen der Hirnfunktion).[3]

2. Wie haben Sie und Ihre Familie auf die Diagnose Epilepsie reagiert?

3. Wie hat Ihr Kind auf die Krankheit reagiert (Fragen, Ängste, Äußerungen)?

4. Hat(te) Ihr Kind aufgrund der Epilepsie besondere Bedürfnisse (Tagesablauf, Zuwendung, Rücksicht o. ä.)?

5. Hat(te) Ihr Kind aufgrund der Epilepsie besondere Probleme? (beim Lernen, Aufmerksamkeit o. ä.)?

6. Haben (hatten) die Medikamente Nebenwirkungen und einen Einfluß auf das Verhalten, die Persönlichkeit oder das Lernen Ihres Kindes?

7. Welche Ängste und Wünsche hatte Sie bei dem Gedanken: Epilepsie und Schule?

8. Inwieweit spiel(t)en die Bedürfnisse und Probleme in der Schule eine Rolle?

9. Haben Sie die Lehrerin/den Lehrer über die Krankheit Ihres Kindes informiert? Wie?

10. Wie hat die Lehrerin/der Lehrer reagiert?

11. Mußten für den Schulalltag besondere Regelungen getroffen werden (Medikamente, Klassenfahrten, Sportunterricht o. ä.)?

12. War/ist die Krankheit Ihres Kindes ein Thema in der Klasse?

13. Waren/sind die anderen Eltern in der Klasse informiert?

---

[3] Im Original waren die Abstände zwischen den einzelnen Fragen größer, so daß die Befragten ihre Antworten einfügen konnten.

14. Hat(te) die Krankheit Ihres Kindes einen Einfluß auf seine sozialen Kontakte in – und außerhalb der Schule?

15. Sind Ihrer Meinung nach Veränderungen in der Schule notwendig (Schulsystem, Lehrplan, Unterricht, Leistungsbeurteilung, Lehrerbildung u. ä.), um Kinder mit einer Epilepsie optimal zu fördern und zu integrieren?

16 Welche Empfehlungen würden Sie anderen betroffenen Eltern geben (in bezug auf Schule, soz. Integration, Bewältigung der Krankheit u. ä.)?

Fragebogen 1
Name, Alter, Klassenstufe: M.(Mädchen), 10 Jahre, Integrationsklasse

1.[4] *M. hatte 4 Wochen nach ihrer Geburt eine Gehirnblutung (Grad IV). Sie wurde in der 28. Woche geboren. Am 11.04.95 erlitt sie ihren ersten Anfall – da Mutter völlig ahnungslos war, geriet sie in einen Status. Seither kein Status mehr. Anfallsform: fokale Epilepsie, Medikation: bisher keine, da Anfallsfrequenz sehr reduziert ist (...).*
3. *Keine Ängste, da ihr ihre Anfälle nicht bewußt sind. Ich habe mit ihr von Anfang an ganz offen über die Krankheit gesprochen, und sie geht damit sehr selbstverständlich um.*
4. *Nach dem allerersten Anfall brauchte M. infolge der sehr hohen Basis Diazepam* (krampflösendes Notfallmedikament) *ca. drei Wochen zum Erholen. Ihr Gangbild hatte sich stark verändert. Ihr Gleichgewicht war vermindert. Ihre Sehfähigkeit eingeschränkt.*
5. *Nach dem ersten Anfall traten Einschränkungen dieser Art nur in ganz geringer Form nach den Folgeanfällen auf.*
6. *M. erhält aufgrund der niedrigen Anfallsfrequenz nur im akuten Fall eine Rektiole, keine Dauermedikation.*
7. *Ich befürchtete, daß M. von der Schule gehen müßte, da die Schulleiterin jedwede Vergabe von Medikamenten ablehnte. Ich hatte mir gewünscht, daß die Eltern der anderen Kinder besser damit umgehen würden. Alle haben M. nicht nach Hause eingeladen, es sei denn, ich oder eine andere Person begleitete sie.*
8. *Keine. M. hat noch nie mitten am Tag einen Anfall bekommen. Immer nur in der Einschlafphase.*
11. *Es wurden nach der Gesamtkonferenz, bei der ein Lehrer, der lange Jahre mit Epilepsie-Kindern gearbeitet hatte, die Genehmigung für die Aufbewahrung einer Rektiole im Schuleisschrank erteilt. Das Problem*

---

[4] Aus Gründen des Umfangs habe ich die Fragen nicht noch einmal aufgeführt, sondern nur noch die jeweilgen Nummern angegeben.

der Klassenfahrten ist vorher noch nicht aufgetreten, da noch keine stattgefunden hat.
14. *Ja – (siehe teilweise auch Antwort 7). M. selber ist es aufgefallen, daß sie nicht mehr eingeladen wird. Eine Mutter hat es ganz deutlich mir gegenüber so formuliert. In der Schule verläuft alles wie vorher.*
15. *Da M. auch eine andere Behinderung hat, die sie anders »lernen« läßt, kann ich die Frage nicht allein auf die Epilepsie hin beantworten. Sicher ist, daß in einer Integrationsschule die Lehrer sehr wohl genau informiert werden müssen, wie sie mit einem Epilepsiekind umgehen müssen (beim Anfall, in der Leistungsbeurteilung, im Unterricht).*
16. *Ich bin noch sehr »jung« mit den Erfahrungen mit der Epilepsie. Vor allem halte ich Offenheit und direktes Ansprechen der Menschen, die mit solch einem Kind zu tun haben, für unabdingbar notwendig. Aufklärung über die Krankheit – am besten durch andere Fachkräfte, da man als Eltern als zu befangen gesehen werden könnte. Unter Umständen auch andere Eltern dazubitten, um auch die ungeheuer seltsamen Vorstellungen (...) über Epilepsiekranke ins Lot zu bringen. Durch mangelnde Kenntnis werden enorme Ängste »geschürt«. Unbedingte Offenheit auch mit dem Kind, damit es selber auch eine »klare « Vorstellung hat.*

Fragebogen 2
Name, Alter, Klasse: J. (Junge), 9 Jahre, Integrationsklasse

1. *Von Geburt an »unruhig«; als Frühgeborener trotzdem schnell normal kräftig, mit 2½ Jahren »Grand Mal«, (...)Rolando Epilepsie, wahrscheinlich durch eine Narbe seiner leichten Gehirnblutung hervorgerufen.*
3. *War noch zu klein – nimmt auch heute seine Medikamente, ohne zu wissen, was sie bekämpfen; Wir haben gesagt, daß sein Körper einen »Stoff« nicht produziert, den wir von außen hinzufügen müssen.*
4. *Wir hatten das Bedürfnis, mit ihm gemeinsam zu schlafen, um die nächtlichen Anfälle auch zu bemerken. Starke Rücksichtnahme im Sinne von Überanstrengung ging anfangs auch von uns aus – ist jetzt vorbei.*
5. *Eher wegen der Unverträglichkeit der Medikamente kam es zu »Verzögerungen«, bzw. auch insgesamt Aufmerksamkeitsstörungen.*
6. *Desinteresse an selbständigem Spiel, braucht »Entertainer«; starke Reizbarkeit bzw. Enttäuschung; teilweise so aggressiv, daß wir den Kita-Besuch auch tageweise ausfallen lassen mußten, gerade auch nach Diazepam-Gabe nach Anfall.*
7. *Da es uns tagsüber bisher nicht passierte, daß ein Anfall auch für andere zu sehen war, machte sich eher ein gutes, ruhiges Gefühl bemerkbar. Die Kinder bemerken eher sein »verzögertes« Handeln.*
8. *Bisher keine aufgetreten, siehe auch 7.*
11. *Bisher nicht, Klassenfahrt ist noch in weiter Ferne! Notfall-Medika-*

ment liegt im Sekretariat bereit, außerdem sind wir am Arbeitsplatz tel. erreichbar.
14. *Für manche scheint er vielleicht merkwürdig, auch durch seine Unruhe bzw. Überreizbarkeit. Berührungsängste in diesem Sinne wegen der Epilepsie gibt es noch nicht.*
15. *Wir haben scheinbar den richtigen Platz erwischt (...), so daß wir bisher keine negativen Erfahrungen verbessern wollen.*
16. *Wir haben eine Schule gewählt / außerhalb unseres Wohnbezirks, die schon jahrelang Integration macht, weil wir kein Zutrauen zu einem Lehrerkollegium gehabt hätten, das ohne besondere Vorbildung plötzlich von behinderten Kindern »überrascht« wird. Auch schien es uns günstiger daß J. selbst auf andere Behinderungen stößt, um zu merken, wie vielfältig »...nicht können...« sein kann.*

Fragebogen 3
Name und Alter: L. (Junge), 3 Jahre[5]

1. *1. Grand mal mit 2½ Jahren, (...) der nächste kam 10 Tage später und dann in immer kürzeren Abständen, dann kamen Sturzanfälle dazu, die mehrmals täglich auftraten.(...). Diagnose: myoklonsich-astatische Petit mals. Beginn der medikamentösen Behandlung (...) trotz allem hatte er weiter täglich Sturzkrämpfe und mehrere Grand mals in der Woche. (...). L. ist und war normal entwickelt und hat sich auch während der »Krampfzeit« weiterentwickelt. Die Nebenwirkungen der Medikamente haben ihm allerdings sehr zu schaffen gemacht: Erbrechen, Müdigkeit, ständige Infekte, psychische Veränderungen (aggressiv, lethargisch, unruhig bis hin zur Diagnose »hyperaktiv«, Sprechschwierigkeiten usw.). (...). Seit November hat L. nur noch wenige Krämpfe, und auch die Nebenwirkungen halten sich in Grenzen.*
2. *Ich bin alleinerziehend und hatte erstmal das Bedürfnis nach sehr viel Information. Ich habe viel gelesen über Epilepsie, habe viel darüber geredet und Kontakt zur Selbsthilfegruppe aufgenommen. Gefühle wie Ohnmacht, Angst, Hoffnung, Verzweiflung in ziemlich extremer Form bestimmen den Tag, und man sehnt sich nach einem ganz normalen Alltag (...). Sein Vater (...) fühlte sich unfähig, mit der Situation umzugehen, so daß ich da keine Unterstützung bekam. Es wurde mir eher noch Schuld zugesprochen, weil ich einige Zeit vorher die Beziehung beendet hatte und das vielleicht der Grund für die Krankheit sei. Ohne Freunde, die Selbsthilfegruppe, eine engagierte Tagesmutter, meine Familie (...) und nicht zuletzt den Glauben, daß Gott noch alles in der Hand hat, wäre ich unfähig*

---

[5] Da dieses Kind noch nicht zur Schule geht, blieben einige Fragen unbeantwortet.

gewesen, mit dieser Krankheit und Situation umzugehen.
3. *(...) Seinen Schutzhelm trug er ohne Probleme. Da war er mit seinen drei Jahren sehr vernünftig bzw. wußte nach vielen Verletzungen sehr genau, wofür der da war. Außerdem wurde er in seiner Kindergruppe ohne weiteres akzeptiert. Sehr problematisch war es allerdings mit der Medikamenteneinnahme, die lange ein Kampf war.*
4. *L. braucht viel Schlaf, ist sehr sensibel (...). Bekommt bei ungewohnten Situationen (...) leicht Panik (...).*
7. *Daß L. trotz seiner Krankheit normal behandelt wird.*
15. *Mehr Kommunikation.*
16. *Offen mit der Krankheit umzugehen, dies aber nicht gegen den Willen des Kindes. Mit anderen Betroffenen Kontakt aufnehmen; sich über die Krankheit gut informieren; Ärzte als Menschen sehen, die vor dieser Krankheit auch oft sehr ratlos dastehen.*

Fragebogen 4
Name, Alter, Klasse: H. (Junge), 12 Jahre, 5. Klasse Regelschule

1. *Wahrscheinlich atonische Absencen, Erkrankung mit 5 Jahren, Absence-Epilepsie, jetzt anfallsfrei, Medikamente stark reduziert.*
3. *Hat sich nicht geäußert, wirkte aber verunsichert.*
4. *Erhöhtes Maß an Zuwendung und Geduld erforderlich.*
5. *Aufmerksamkeit und Konzentration lassen z. T. sehr schnell nach, leider vermuten Lehrer oft fehlende Motivation.*
6. *Reagiert übersensibel und unangemessen auf z. T. nur geringfügige Anfälle.*
Ergänzung zu 4.-6. *(...) Es ist auch zu fragen, inwieweit diese Probleme auf psychoreaktive Störungen oder einer ungeschickten Umgebung (Eltern, Schule usw.) des Kindes beruhen. Für H. kann ich das so nicht eindeutig beantworten. Mein Eindruck ist, daß bei ihm diese Probleme hauptsächlich von seiner psychosozialen Situation abhängig sind.*
7. *(...) Lehrer sollten sich bewußt sein, daß Anfälle oft nicht das einzige Problem sind.*
8. *Gestörte Beziehung zu Mitschülern, z. T. auch zu Lehrern.*
11. *Sport- und Schwimmunterricht nicht überhütende Vorsicht (...); notwendig bei Klassenfahrten, daß er nicht im Doppelstockbett oben schläft (schläft z. T. so unruhig, daß er rausfällt).*
14. *Außerhalb der Schule nein, siehe 8.*
15. *Inhalt der Lehreraus- und weiterbildung (nicht nur im sonderpädagogischen Bereich) sollte unbedingt sein: Kenntnis, daß manche »Verhaltensstörungen« auch kleine epileptische Anfälle oder andere neuropsychische Erscheinungen sein können. Wenn für dieses Kind nichts darüber bekannt ist, sollten die Eltern darauf aufmerksam gemacht werden*

(ohne Verdachtsdiagnose zu äußern). Den Eltern ist eine ärztliche Abklärung (...) behutsam zu empfehlen. Wenn die Diagnose bereits bekannt ist, sollten Lehrer wissen, daß auch Kinder mit guter Begabung erhebliche Probleme in den Bereichen Aufmerksamkeit, Konzentration, Verhalten usw. haben können. Individuelles Eingehen ist hier besser als erprobte Methoden. Sonst besteht die Gefahr, dem ohnehin oft labilen Selbstvertrauen und der Motivation erheblichen Schaden zuzufügen. Das würde die Probleme nicht lösen, sondern vergrößern. (...) Es ist nicht nötig Lehrer mit dem Wissen von Ärzten auszustatten. Sie benötigen Grundkenntnisse über chronische Erkrankungen des Kindesalters. Sie sollten vielmehr, wenn ein Kind mit Epilepsie oder anderen Erkrankungen in der Klasse ist, sich konkret informieren und den Dialog mit den Eltern, ggf. dem Arzt des Kindes suchen.
16. *sich selbst gut über die Krankheit informieren (...); sich aber auch nicht Probleme einreden, die nicht da sind, weil sie in anderen Fällen zutreffen; ggf. Hilfe eines Psychologen in Anspruch nehmen; Differenziertere Hinweise kann ich so allgemein nicht geben, da jeder Krankheitsverlauf und jedes Kind anders ist.*

Fragebogen 5
Name, Alter, Klassenstufe: keine Angaben

1. *Grand mal, mit 3½ Jahren, Reflexepilepsie (...).*
3. *Angst vor Anfällen.*
4. *Geregelte Schlafzeiten, z. B. Mittagsschlaf.*
5. *Einschränkungen der Lernfähigkeit durch mangelnde Konzentration*
6. *Müdigkeit, Konzentrationsschäche, Aggressivität bei Einnahme von Orfiril [antiepilepitsches Präparat].*
7. *Das Kind muß mehr beobachtet werden als andere, ohne das Kind einzuschränken. Die Schule muß bereit sein, ein Medikament im Notfall zu geben.*
11. *Medikamente und Notfallmedikamente, ansonsten Absprache über bevorstehende Unternehmungen.*
14. *Momentan nicht.*
15. *Ja, die Lehrer müssen nicht an eine Behinderung durch Epilepsie denken, sondern eine langsamere Auffassungsgabe in allen Bereichen der Kinder.*
16. *Je nach Schweregrad und Epilepsieart müssen die Eltern sich anpassen, ohne das Kind immer in den Vordergrund zu stellen! Und die Epilepsie des Kindes betrifft beide Elternteile.*

Fragebogen 6
Name, Alter: A. (Junge), heute 28 Jahre alt

1. *Der erste Anfall kam mit acht Jahren nach dem Tod meiner Mutter. Die Krankheit wurde im Krankenhaus diagnostiziert. (...) die weiteren Anfälle hatten immer seelische Auslöser. Die Anfallsformen am Anfang: er fiel hin und zuckte und verkrampfte sich sehr. Man mußte dann mit einem Kochlöffel oder festen Gegenstand den Kiefer öffnen, damit er sich nicht die Zunge abbiß.[6] Nachdem er dann Tabletten bekam, waren die Anfälle nur noch leicht, meist nur kurzes Wegsein. Eine Beeinträchtigung der Hirnfunktion habe ich keine festgestellt. Er hat sein Abitur absolviert, studiert und möchte die Laufbahn als Jurist einschlagen.*
3. *Ich hatte bei ihm selbst keine Veränderung festgestellt.*
4. *Ich hatte Angst, wenn ich mich mal energisch durchsetzen wollte, es könnte wieder ein Anfall kommen.*
5. *Er war die erste Stunde nach der Einnahme der Tabletten sehr müde, danach keine (negativen) Reaktionen mehr.*
6. *Nein.*
7. *Der Arzt meinte, er solle nicht klettern, schwimmen und brauche viel Schlaf. Das wollte er nicht akzeptieren. Beim nächsten Besuch besprach ich dies mit dem Arzt und meinte, das wäre bei einem Jungen doch unmöglich. Darauf bekam ich die Antwort: Darauf habe ich gewartet, daß sie zu der Überlegung kommen.*
8. *Beim Schwimmen wußten die Lehrer Bescheid.*
11. *Die Medikamenteneinnahme beschränkte sich auf zu Hause. Bei Klassenfahrten hatte er die Tabletten in einer Box, wobei die Lehrerin unauffällig kontrollierte, ob er seine Tabletten genommen hat. Im Sportunterricht machte er alles mit, und nur beim Schwimmen hatte der Lehrer immer ein Auge auf ihn.*
15. *Nein, nur wäre gut, wenn die Lehrer Verständnis dafür haben, wenn Kinder müde werden. Er wurde immer eine Stunde nach Einnahme der Tabletten müde, was sich dann wieder gab.*
16. *Ich fände es besser, wenn die Mitmenschen mehr Verständnis für diese Krankheit zeigen würden. Ich konnte bei niemandem mein Herz ausschütten und hätte gerne mal darüber gesprochen. Ich hatte es bei Freunden versucht, wurde aber sofort abgeblockt. Denn ich hatte immer Angst, daß es vielleicht beim Spielen oder sonstwo passieren könnte, und keiner wußte Bescheid.*

---

[6] Diese Erste-Hilfe-Maßnahme wurde früher empfohlen. Heute allerdings wird unbedingt davon abgeraten (vgl. Kapitel 8.6. 1).

Fragebogen 7
Name, Alter, Klassenstufe: M. (Junge), heute 18 Jahre alt

1. *Im Alter von 5½ Jahren Ohnmacht ohne Krampf; EEG ergab Epilepsieverdacht, M. erhielt (...) Antiepileptika, blieb ohne Anfälle bis heute.*
3. *Nie mit Ängsten, sieht sich selbst nicht als krank an; nimmt zur Prophylaxe Medizin, das war nie ein Problem.*
4. *Nein.*
5. *Ich denke nicht; er ist ein guter Schüler.*
6. *Bei der Einstellung auf die Medizin im Alter von 5½ Jahren schien er verändert, aggressiver. Das gab sich jedoch nach 4-6 Wochen.*
7. *Daß ihm etwas zustößt, falls er Anfälle bekommen hätte.*
8. *Es traten nur normale altersbedingte Probleme auf; keine, die etwa auf die Epilepsie zurückzuführen wären.*
11. *Am Sportunterricht, Klassenfahrten ect. nahm er immer teil. Später im Gymnasium bei längeren Fahrten kontrollierten die Lehrer den Anfang der Medikamenteneinnahme.*
14. *Nein, überhaupt nicht.*
15. *Ich denke mir, das muß von Fall zu Fall neu entschieden werden. Ein Kind mit vielen Anfällen hat andere Bedürfnisse als eines, das wenige oder gar keine hat.*
16. *Immer das offene Gespräch suchen; Informationen an Leute über die Krankheit weitergeben; nie das Krankheitsbild ignorieren bzw. tabuisieren. Über Epilepsie existieren so viele Vorurteile, die in der breiten Bevölkerung noch abgebaut werden müssen.*

Fragebogen 8
Name, Alter, Klassenstufe: K. (Mädchen), heute 18 Jahre alt
Vorbemerkung der Befragten: *Im besprochenen Fall handelt es sich nicht um Epilepsie in Form von Krampfanfällen. Außenstehende haben nie etwas bemerkt. Daher können manche Fragen nicht beantwortet werden.*

1. *Im Alter von ca. 7 Jahren unkontrolliertes »Pipi-machen«, ohne direkte Erinnerung. Kind fühlte sich »wie in einer Kiste«, EEG zeigte Krampfauffälligkeit, (...), Diagnose: Petite male.*
3. *So gut wie gar nicht.*
4. *Nein.*
5. *Nein.*
6. *Teilweise Müdigkeit.*
7. *Da es keine epileptischen Anfälle waren, sondern nur sekundenlange »geistige« Abwesenheit, bestanden in diesem Punkt keine Ängste.*
8. *Nur im bezug auf Schwimmunterricht und Fahrradfahren, sie durfte*

beides nur, wenn jemand sie im Auge behielt.
11. *Am Schwimmunterricht konnte sie nicht teilnehmen, auf Klassenfahrten überwachten Lehrer die regelmäßige Tabletteneinnahme.*
14. *Nein.*
15. *Mit Blick auf das Krankheitsbild im besprochenen Fall, nein.*
16. *Mitteilung der Krankheit, wo notwendig (Schule, Sport); ansonsten
bewußt keine besondere Behandlung, zwar genaue Beobachtung, aber
nie »in Watte packen«.*

Fragebogen 9
Name, Alter, Klassenstufe: J. (Junge), heute 16 Jahre alt

1. *Erster Anfall im 3. Lebensjahr, Diagnose: Krampfanfall, Medikation
(...), keine weiteren Beeinträchtigungen.*
3. *Keine Ängste, sehr verständnisvoll.*
4. *Regelmäßiger Tagesablauf, wenig Streß.*
5. *Keine deutlichen Probleme.*
6. *Verminderte Konzentrationsfähigkeit.*
7. *Weder Ängste noch Wünsche.*
8. *Spielte eine untergeordnete Rolle.*
11. *Klassenfahrten wurden in der Zeit nicht durchgeführt, der Sportunterricht lief normal.*
14. *Keine.*
15. *In unserem Fall keine.*
16. *Für uns war die Wahl des Arztes entscheidend. Der Einfluß der Schule
war von untergeordneter Bedeutung.*

Antworten zu Fragen 2
Die Befragten beschrieben ihre *persönlichen Reaktionen* auf die Diagnose
Epilepsie als verunsichert, schockiert, voller Angst, deprimiert, erschrok-
ken oder besorgt.

Antworten zu Frage 9 und 10
Alle Befragten informierten die *Lehrerinnen* ihres Kindes persönlich über
die Erkrankung. Die Mehrzahl der Lehrerinnen reagierte verständnisvoll.
Eine Mutter berichtete, die Lehrerinnen ihres Kindes hätten erschrocken
reagiert, seien aber bereit gewesen, einen gemeinsamen Weg einzuschla-
gen (Fragebogen 1). Eine andere Mutter antwortete, daß alle Lehrerinnen
auf ihre Information sehr kurz angebunden reagiert hätten (Fragebogen 4).

Antworten zu Frage 12
In keiner der Klassen, die die Kinder der befragten Mütter besuch(t)en
war die Krankheit bisher ein Thema. Die meisten Befragten hielten die
Thematisierung nicht für nötig, da in der Schule bisher keine Anfälle
aufgetreten seien. Eine Mutter antwortete, daß die Kinder in der Klasse
nichts gewußt hätten, da sie als Mutter Angst gehabt habe, ihr Kind könne
aufgrund der Krankheit gehänselt werden (Fragebogen 6).

Antworten zu Frage 13
Die Eltern der anderen Kinder waren nur in drei Fällen über die Epilepsie
informiert (Fragebogen 1, 2 ,5). Eine Mutter beschrieb es als sehr
schwierig, die anderen Eltern zu informieren (Fragebogen 2). Abgesehen
davon, daß die nicht informierenden Mütter entsprechende Aufklärung
nicht für nötig hielten, äußerte eine Mutter zusätzlich, sie habe das Risiko
einer Stigmatisierung ihres Kindes vermeiden wollen (Fragebogen 4).

Autorin:

Anne Schaudwet, geboren am 16.12.71 in Frankfurt a. M.
Studium Generale am Leibniz Kolleg Tübingen; Studium der Grundschul-
pädagogik (mit dem Studienschwerpunkt Integrationspädagogik) an der
Pädagogischen Hochschule Freiburg und der Technischen Universität Berlin; Arbeit mit Erwachsenen, Jugendlichen und Kindern mit geistiger Behinderung; derzeit Referendarin in einer Integrationsklasse im Land Brandenburg.

Illustratorin:

Vivian Sommer, geboren am 4.3.74 in Frankfurt a. M., aufgewachsen
im Iran und in Brasilien; Studium der Gestaltung/Illustration an der Fach-
hochschule Hamburg; arbeitet als Illustratorin und freischaffende Künst-
lerin.